本研究得到深圳市宝安区残联的资助及支持

残障是一个棱镜

他们 | 九位残障者的故事

主编◎周林刚

南方日報出版社
NANFANG DAILY PRESS
中国·广州

图书在版编目（CIP）数据

他们：九位残障者的故事 / 周林刚主编. -- 广州：南方日报出版社, 2018.12
ISBN 978-7-5491-1931-8

Ⅰ. ①他… Ⅱ. ①周… Ⅲ. ①残疾人—问题—研究—中国 Ⅳ. ①D669.69

中国版本图书馆 CIP 数据核字(2018)第 278842 号

TAMEN JIUWEI CANZHANGZHE DE GUSHI
他们：九位残障者的故事

主　　编：周林刚
出版发行：南方日报出版社
地　　址：广州市广州大道中 289 号
出 版 人：周山丹
责任编辑：刘志一　陈　静
封面设计：邹　卫
责任校对：王　燕
责任技编：王　兰
经　　销：全国新华书店
印　　刷：广州市尚铭印刷有限公司
开　　本：787mm×1092mm　1/16
印　　张：11.5
字　　数：230 千字
版　　次：2018 年 12 月第 1 版
印　　次：2019 年 7 月第 2 次印刷
定　　价：38.00 元

序

最熟悉的陌生人

蔡聪

不管是在现实里，还是在研究中，残障者多以“他者”的身份呈现在人们的想象之中。自文艺复兴以来，飞速发展的现代化社会，虽因技术的发展，给部分能被“修复”的残障者提供了回归主流社会的机会，但它更多地是致使残障者逐渐被视为各种有待介入的“对象”，成为时代的“陌生人”。

在医生面前，他们是“病人”；在社工面前，他们是“案主/个案”；在家庭里，他们是“被监护人”；在老师眼中，他们是“没能力接受教育的人”；在雇主面前，他们是“没有劳动能力的人”；而在大众的眼中，他们则是“需要被同情与怜悯，但切不可与我发生实际关系的悲剧”。

我们很少有机会听到他们以“我”为开头，去讲述这样的故事：

我是谁？

我喜欢什么？

我讨厌什么？

我的梦想是什么？

…… ……

可能我们也曾在生活中听到某位残障人士说过这些，但这些并不重要，重要的是，那个在说话的，是“残疾人”。可能某位残障者曾经想鼓起勇气向身边的人去表达这些，但最终他无奈选择了放弃，因为他知道，自己是“残疾人”。

久而久之，“残疾”成为一种符号，残障者不再是一个又一个鲜活的个体，他们只是姓名不同但经历类似的人生翻版，只有两个属于他们的故事一直流传：要么身残志坚，活出超越常人的精彩，完成人们期待的“他都这样了，还能那样”；要么是连姓名都没有的模糊面孔，被降临于身的“残疾”厄运打败，最终成为人们口中的一声叹息。残障者在这样的描述中，也丧失了思考残障之于自身意义与价值的可能性。

2018年，是一个颇有意思的年份。改革开放40年，中国残联成立30年，联合国《残疾人权利公约》在中国实施10年。在这样一个年份里，接到深圳大学周林刚教授及其所带领的残障与公益研究院团队的邀请，为这样一本属于九位残障者及其亲属的故事写点感受，并见证其问世，我既感荣幸，又十分惶恐。

作为残障人自助组织（英文简称DPO）的一名成员，我一直以来致力于联合国《残疾人权利公约》及其所倡导的社会/人权模式的倡导。而在工作过程中，我最喜欢的事情，就是聆听每一位残障伙伴分享自身关于残障的故事。在每一个故事里，我们一起解剖自身残障的观念建构的过程。通过一个又一个故事，我们又能建立起生命的联结，寻找属于我们新的残障认同。这种认同，会让我们更有力量与勇气，去向人们宣誓原本就属于我们的主体性。

在研读这九个故事之时，我又数次经历了这样的过程，并从每位主人公的经历中，找到在这样一个时代下，我这个渺小个体的发展轨迹中幸运的部分，和我们透过努力，希望让幸运不再是幸运，而是每位残障者的常态的部分。

坦白讲，包括我在内的很多残障者，其实穷尽一生，对于“残障”和我们“残障的身体”，都是陌生的。我们很多时候不敢审视镜子里的自己，也没有机会学习如何去审视它，就匆匆上路，和它一起，去面对人们的眼光。在这面镜子里，我们又看到了这个世界对我们的陌生，让我们难以笃定我们因何而存在，尤其是因何而要与我们的残障同在。

我十分喜欢诗人余秀华的这首《与一面镜子遇见了》——

我的身体倾斜，如瘪了一只胎的汽车……
我的嘴也倾斜，这总是让人不快……
没有这面镜子，世界该是公允的了。

尽管从一个残障社会模式的拥趸来讲，这九个故事并不是个个是我认为最理想的模板，在讲给透过镜子看我们的人们听时，可能会在其既有的框架上再度加强固有的刻板印象。但如同我喜欢余秀华的那首诗一样，我仍然喜欢这九个故事。因为它们给了我，也给了更多人一个机会，去看到他们与身体的对话，带着身体与社会的对话。这些对话中，有伤痛，有愤怒，有奋斗，有坚强，也有挣扎，有对抗，还有治疗好的喜悦，有历史的遗憾，有误打误撞的幸运，也有刻入生命里的无奈与迷茫。

记得2013年第一次见到哈佛大学法学院史上第一位视听双重障碍的学生Harben时，她给我的震撼是，她告诉我，在她遇上残障的时候，所有的人，都没觉得这是件天塌下来的事，只是她的人生换了一种活法。此事使我这个在遇上残障时遭遇周围人的断言“人生完蛋”的伙计特别迫切地想让更多残障者与非残障者的家庭知道这些，让他们的家庭有全新的可能。

但在5年过去后，在经历了大大小小上百场培训与演讲后，在我发现我的急切似乎并不能转化为他人改变的动力后，在这九个故事出现在我眼前后，我才明白，我们虽从信念上要坚定，但对于从漫长的历史中走来的今天，对于现实，我们应该抱有一种耐性。这种耐性应该是把更多的可能与样态呈现出来，把选择留给历史，留给每个人。

毕竟，残障其实还只是我们自己生活里的陌生人，还只是我们时代的陌生人。

我们要先与它熟悉起来，才有机会和它从面对面到肩并肩，从改变到一起前行。

作为一名残障者，作为一名残障人自助组织成员，我十分感谢周教授及其团队愿意花费巨大的精力将这样九个故事呈现在我们面前，让我们有更多机会，从历史的、比较的、批判的、反思的视角，看到“他者”这面镜子破碎之后真实的某一面。而我也期待这样富有开创性却又需要耐性的工作，能够引发更多伙伴的冲动，尤其是残障伙伴会更加积极地参与到残障故事的书写过程中来，让残障变得立体，而不再陌生。

（作者为一加一残障人公益集团合伙人、《奇葩说》第四季辩手）

目　录

成阳：成为“医生”是一场长达 30 年的试验

王博文①

医院有两个地方可以见到最纯粹的开始与结束，一个是妇产科，一个是太平间；而新生儿科的特殊，就在于如何让开始变得安全，免除疾病和死亡。即使是不拿手术刀，成阳肩上的担子也始终不曾卸下过，就因为她是一个把别人的安全看得很重的人。问她是不是因为很喜欢小孩所以选择成为新生儿科医生，她会先说一句“当儿科医生以前真的不喜欢”，然后再补一句“我本来是想当外科医生的”。

成阳，1967 年生于江西萍乡，新生儿科主任医师，现居深圳宝安区。1989 年医学院毕业至今，先后负责过儿科临床、新生儿科重症监护室的抢救（NICU）、研究生和进修生临床教学、产房监产和高危新生儿的转运等工作，现主要担任新生儿科临床路径的管理、危重早产儿出院后的随访。在工作岗位上先后被评为十佳医德医风先进个人、十佳岗位能手，并获得当地“幸福母亲”称号。

为什么当医生啊

“你是说我为什么当医生吗？”眼前的成阳含笑，眼睛瞟向头顶做思考状。我们坐在学校的咖啡厅，那是唯一一次我与她不在医院交谈。初春的深

① 王博文，女，深圳大学残障与公益研究院在读研究生，研究助理。

圳并不很冷，她身穿灰色休闲装、牛仔裤，短发，戴有框眼镜，眼睛像小燕子（赵薇）的一样大。

“为什么……梦想吧，从十四五岁开始。”她收回目光缓缓地说。

在成阳看来，梦想其实是一个人“知道自己想做什么，想成为什么”，就算现在的她拿很多奖、做很多访谈，但她依然全心全意地做自己“想做的事”，以一名医生的身份为别人普及医疗教育。

“小时候都不知道自己要做什么，后来上手术台的就医体验点醒了我，让我觉得一定要成为一名医生。”

事实上，成阳成为医生，除了和一次手术有关之外，也和她的身体不无关系。

成阳是小儿麻痹导致的左足残疾，属于肢体残疾四级。在残疾等级里，四级残疾属于相对较轻的一级，最重的是一级残疾。成阳得的小儿麻痹症，其实在医学上还有个专业的名字，叫作脊髓灰质炎，是由病毒引起的急性传染病，也是一种严重的致残性疾病，发病会造成患儿的肢体终生残疾，严重的甚至可能死亡。这种病的前期症状大多表现为发烧、肢体疼痛、肢体瘫痪等，除了专业人士，很少有人会把这种普遍的症状和小儿麻痹联系起来。发病后，一般在初期的 6 个月内恢复较快，以后逐渐减慢，两年以后再恢复的可能性越来越小，而成阳，就错过了最好的这两年。

就因为此，在成阳的童年时光里，她无法进行户外活动，也无法和小伙伴一起嬉闹，习惯了耐着性子平静地独处。这似乎为她埋下了医生性格要素的天然种子。

14 岁那年，成阳的父母带着她去湖南做了肢体矫正手术。正是那次手术，改变了成阳的人生轨迹，用成阳自己的话来说，就是“人生中重要的生命节点”。

在成阳看来，那场手术改变了她的人生，不仅仅让她变得“好”一点，同时她第一次知道，能帮人做手术的医生叫外科医生，外科医生是所有医生里最厉害的，“挥两下手术刀，病就好了”。这是成阳第一次对外科医生产生的浅薄且固执的理解。

成阳说，那个时候，她最崇拜的人就是自己的主治医生。每次看到他穿着军装披着白大褂来查房，她就很开心。

“一定长得很帅吧？”

“嗯，长得很帅，30 来岁的样子，说话特别和蔼可亲，我的天，我就觉得他满足所有我对白衣天使的想象，那个时候我好崇拜他啊！”

成阳对医生的执念源于对主治医生的崇拜。她崇拜自己的主治医生，觉得他和蔼可亲、医术高明、药到病除……似乎所有美好的词语形容起他来都不显得过分。

“我就想成为那样的人，很多事情是可以改变的，医生可以给你做手术。原来你的腿不太好，现在做手术之后就矫正了，虽然腿的长度还是一样，但是它会往好的方向改变。从那一刻起我就决定要做一名医生了。”她微笑着说完这段话，身体往前一挪，看得出来，她有种梦想成真的愉悦感，但她很快便垂下眼睛。

我当时其实是奔着外科去的

咖啡厅里有点嘈杂，我劝她点一杯喝的，她掏出自己的保温杯。“不用不用，我自己带了水。”说着，她拧开杯盖，抿了一口，“我是很喜欢外科的，我很羡慕外科医生可以拿刀子，手到病除，来得快，结果人家不让我当外科医生，说我脚不好身体不好，但其实我的外科学得最棒。”

她轻微点了点头，那是一种自我的肯定，却显得不那么笃定。后来我才明白，早在29年前，甚至可以说是32年前，她曾两次动摇过这份决心。

第一次是她高考那年，1986年。

成阳高考那时，正是我国的残疾人社会福利事业艰难前进的时候。尽管十一届三中全会的召开使残疾人社会福利事业迎来了勃勃生机，但当时的整体环境依旧是迟钝并且滞后的。

在她高考前两年，邻居家有个男孩遭遇了一件“非常不幸的事”。

这个男孩7岁的时候，因为一场意外，被卡车轧了脚，从脚背到脚踝的神经全部坏死，“结果就残了，整个人也差不多废掉了”。那时候成阳高一，邻居家的男孩高考考了重点分，一下子就在周围传开了，周围的邻居也都跟着高兴。可是没过多久，这种开心便被各种拒绝笼罩起来。因为男孩行动不便，没有学校愿意录取。最后，男孩潦草地读了他们当地钢铁厂的电大，而这电大录取他，也是因为厂长心疼他而“特意关照”，结果喜事变成了邻里间不敢再提的芥蒂。

按时间来算，那年正是1984年。而早在1981年，我国对残疾人的关注其实已经有了一个好的开头。

“1981年12月29日，《人民日报》的头版头条报道了残疾姑娘玲玲的事迹，姑娘坚韧的斗志像火一样迅速点燃了人们久违的激情，这个残疾姑娘就是张海迪。”这段描写与张海迪紧紧地绑定在一起，是张海迪成为时代楷模的开始，也是我国残疾人事业的良好开端。又过了两年，团中央举行命名表彰大会，授予张海迪“优秀共青团员”光荣称号，并做出向她学习的决定。那一次，张海迪的名字红遍了全国。

当时，联合国出台了《关于残疾人的世界行动纲领》（下文简称《纲领》），达成了助残的国际共识，并在康复、就业、教育、福利保障等多个方面明确保障了残疾人权利的实现。随着国际助残意识提升，我国也开始重新审视残疾人对社会进步和经济发展的贡献，先后出台了一系列具体的措施，来表示政府对残疾人教育、就业和康复的关注。

只可惜，联合国《纲领》出台时间是1983年，我国大部分的相关福利政策，也是在1985年才开始的，其中第一个关注残疾人高等教育和就业的政策文件是1985年出台的《关于做好高等学校招收残疾青年和毕业分配工作的通知》。成阳一边说“他没赶上好时候，我要比他幸运一点”，一边又说“其实我那个时候环境也不好，还是受了很多限制的”。

成阳高考那年发挥得并不好，压着本科线的成绩显得尴尬又无力。父亲建议成阳在医学院之外考虑考虑师范学院，成阳并没有多说话，因为她自己心里也没底。

后来，父亲为成阳填报了省内一家医学专科学校，还特意带她去了当地一家教育师范学院。

那个时候成阳还很懵懂，只记得父亲说想带她去师范学院看看，顺便见见负责招生的老师。如果幸运的话，就读师范本科要优选于医学专科，在现实面前，成阳示弱了，也许她也认为“像她这样的人，读了本科毕业后才能分配个好工作”，又或许“只要能上得起学，最后包分配就行”。当时，18岁的成阳觉得自己被生活摁住了，她想起了邻居，宽慰自己兴许没那么“倒霉”，毕竟自己的脚没“那么严重”。

反复的情绪让她变得焦躁和不安，那段时间，整个家里气氛都很凝重。直到后来等来了医专的录取通知，全家人才松了口气。

“那个时候就是这样，我们比较特殊，没有学校愿意录取，你看，就连教育学院也一样。”她摆弄了一下自己的袖口，脸上的表情似乎在说无法不耿耿于怀。

在成阳看来，教育是一件神圣的事。因为父亲是老师的缘故，她对教师有种天然的亲近，也习惯认为与教育相关的一切应该是纯粹的，教育学院的拒绝比其他任何形式的拒绝更容易让她丧气。在这一点上，她特别失望。

第二次动摇决心，是29年前。

1989年，医专毕业的成阳被分配回老家的医院任职。入职时，院长找她谈话，希望她考虑考虑儿科。说是考虑，其实已经做好了决定，等她赴职，她没有追问，因为院长那句“外科压力太大，做一场手术要十几个小时，为你的身体考虑一下”始终在她脑海中萦绕，她觉得挺有道理。

“……当时很沮丧失望……但是也许是从小的环境造就了我的性格，我也不是很执着的人，反正就既来之则安之吧，随领导的安排。我有很强的服从意识，这是一种艺术。”

“反正领导不要你去肯定有他的道理，我总是会为别人着想，心态吧……”

“哎呀，我也不知道说得对不对……反正最终是做了医生，去就去吧……”

眼前的她连忙解释了好几遍，一种纯粹的天真出现在50岁的成阳脸上，与她工作时的较真形成鲜明的对比。两次动摇，都是因为她“不那么健全的身体”，那个身体下面，就算有一颗再坚强的心脏，也会觉得自己与周围的环境格格不入。“只有自己经历的时候，才懂得环境有多不好，才知道会受到很多限制，可是我只能接着生命给你的东西，一步一步走下去。”

被推着往前走

成阳来深圳以前，在老家做了10年的儿科医生。她很少主动和人聊起在儿科的经历，但是当你问她，她会毫不避讳地告诉你，她在儿科有过许多手足无措的瞬间。

那会她刚参加工作，新手一枚，再加上自己在大学里主攻与外科相关的课程，对儿科的体系并不熟悉。为了弥补这种不足，成阳经常加班看儿科相关的书和医学杂志，没事就钻研病历，跟着老大夫查房积累经验。

有一次有个小孩拉肚子，她在确诊是病毒感染后，决定采用排泄的方式治疗。为此她还专门和孩子的父亲沟通，告知她会按比例计算好糖分和盐分，及时为孩子输液，让孩子自己的免疫系统排出毒素，比药物治疗更好，但是效果更慢。

过了两天，她被叫到主任办公室接受投诉。

“他说我太年轻了，没有经验，没治好病，不相信我，要换医生。”

“我们主任当时安抚他，还给他举例子，说前段时间也是有个小孩拉肚子，老大夫都没法子，是我治好的……家长投诉后第二天孩子病情就明显好转啦，早上查房时家长也给我道歉了……还是很感谢他们，真的给了我很大的信心……”

再回忆起这件事，她依旧觉得这是从医以来印象最为深刻的回忆之一。那时候她刚从医学院毕业不久，满心想着的都是将自己学到的本领应用于医学实践领域，但她忽略了一点，面对病痛，人们是不会轻易给予医生宽容的。怀疑，是医生接受的最大的敌视，而她面对的，甚至还可能包括患者对她这个“残疾医生”的怀疑，那时候的她才 20 出头。

还有一次，是在她工作 5 年之后。那是她第一次眼睁睁看着一个人从“正常”变得“不正常”，就在自己的“眼皮子底下”。

当时成阳接诊了一个高烧的小孩，详细诊断后按照诊疗常规进行输液。正值中午，成阳交完班后便离开了，直到下午换班成阳才发现这个孩子正在抢救。

“……我吓坏了，才 1 岁多的孩子，像是很严重的输液反应。”

“后来经过抢救，那孩子捡回了一条命，但却傻掉了。”她垂下眼，眼神有点涣散，许久不再说话。

顿了许久，她看着地面，“谁也不知道他是因为什么傻掉的，他有脑瘫家族史，接诊前没有人知道，可能是基因，但是他的确高烧了，抽筋了，发汗了，又像是输液反应，就在我的病床上”……

她太敬畏自己的职业。这件事就像一记重拳狠狠地砸在她的胸口上，那个时候她不自信，她怀疑自己的专业水平，开始寻求解决的办法。当时全国医学圈流传着“北协和，南湘雅”的口号，她直接向院长提出报告，申请去湘雅医院进修学习。

来到深圳以后，她被安排在新生儿科。这是比儿科还复杂的科室。出生 28 天以内的孩子，都属于新生儿。新生儿不具备表达能力，医生需要根据细致严苛的观察做出迅速的反应和判断，再加上新生儿中有一部分是早产儿，这些早产儿身体机能很弱，经常会出现吸氧和临时抢救的情况。

对成阳来说，一切又是新的开始。

之前儿科的行医经历并没有让她很从容，在深圳，她反而对老家医疗条件的落后感触颇深。在老家她从没给小孩上过呼吸机，来到深圳，面对新生儿抢救，她要在15秒之内插好管打氧，呼吸机不够用时，还要充当人工加氧器。

“其实医生都是这样过来的，必须要苦练基本功。人家说15秒，我们要求10秒，现在我5秒就能插好，管子插到气管里再进行加压给氧，刚开始那会条件差，呼吸机经常不够用，我们就在那里捏，人工捏，一捏就是几个小时，院长也在……不能让孩子缺氧，不能让他有后遗症。”

后遗症在成阳这里是个很严重的问题。成阳的脚，就是小儿麻痹的后遗症。

当年，她父亲在钢铁厂的学校教书，没事就喜欢带着她到处闲逛。在她学步的年纪，除了站立不稳，还总是磕磕绊绊地摔跤，邻居们说小孩子就是缺钙，吃点钙片就好了，于是父母便买了好多钙片给她吃。后来，钙片吃了不少，可是早该学步的她依旧站立不稳，父母这才意识到不对劲，带着她去医院检查。其实那时候，成阳已经注定要与后遗症相伴一生了。

这似乎与成阳很怕自己的病人留下后遗症有着分不开的联系。当初她想成为外科医生就是想改变像她这样的人，可是儿科的工作经历逐渐让她明白“很多残疾都是小时候没注意引起的，就是一个不经意的念头，很可惜”。

在新生儿领域，大约有10%的孩子属于早产儿，这些孩子出生时孕周在28周到37周，体重通常低于2500克。成阳告诉我，千万别小看这10%。这10%如果做不好，他们大部分可能会变成残疾人，因此才需要医生倾注更多的心血，这样做会大幅降低残疾人的比例。

的确，新生早产儿的出生伴随着很多潜在的问题，尤其是出生体重在1000克以下的早产儿，他们在医学上被称为超低出生体重。成阳说关于超低体重早产儿我国暂无权威数据，但瑞典的一项人群队列研究显示，极早早产儿（小于27周出生）441例与足月儿匹配，存活至6.5岁时比较结果：中度认知损害18.8% VS 2.2%，重度认知损害11.1% VS 0.3%，脑瘫风险9.5% VS 0，眼盲风险2.1% VS 0.5%，听力风险2.1% VS 0.5%。美国对超低体重儿的预后数据统计也显示，即使是出生体重在1000克左右的孩子，死亡率和严重残疾率也高达11.7%和24.2%。残疾的发生可见一斑……

这些密密麻麻的数据在成阳这里，意味着差距，更意味着寻找和解决问题。干了十几年儿科医生后，成阳仿佛一下子被点醒，“原来儿科才是我真正要寻找的地方”。

感谢深圳

1999 年成阳放弃老家的一切，跟随丈夫来到深圳，工作没法调动，成阳就辞职，只因为她觉得“家不能散”。初来深圳时，她并不是医院的正式员工，真正端起“公家饭碗”，是在深圳的第 5 年。当时成阳落脚于一家公立医院，20 年过去了，成阳还在这家医院。她是个挺踏实的人，大多时候都很平静，对单位的专一也是她平静的一部分。

成阳的丈夫在外企工作，平时成阳忙的时候，丈夫就负责家务琐事。那时候成阳除了坐诊还需要值班，遇到夜里出急诊，经常要迅速起身收拾好装备出发，“上夜班的时候整个人的神经都是紧绷的”。

几十斤重的推车，需要医生和护士一起协助推上急救车，“关乎人命的事，就是分秒必争”。虽然新生儿科出急诊的次数不多，但是成阳却明显感觉到自己的力不从心。

因为左脚行动障碍，在推车和小跑时她会比别人慢一些，守夜的时候，一放松下来身体就会很散，遇到突发情况，一时间难以像健全人一样即刻起身，她要折腾一会，身体才会慢慢恢复。特别是，当这种情况出现得多了，“会怀疑，会担心”，尤其是近几年，她自己也会觉得“年龄不饶人，身体机能在下降”。

可日子还是一天天过。

在这些日子里，成阳抢救过多名超低体重儿，其中最低记录为体重 530 克，孕周 24 +1 周。这些超低体重儿由于发育极不成熟，并发症极多，预后不良的发生率也是最高的，备受煎熬的是，成阳经常要面临与家长谈话的窘境。遇到颅内严重出血的孩子，脑瘫率大约在 70%—80%，为了履行告知义务她必须告知家长孩子可能面临预后不良的结局，有些家长无法接受会选择放弃治疗。

那并不是生与死之间的较量，而是一种存在于骨肉、良知、生活和现实之间的巨大撕裂，那是成阳作为医生，怎样都无法弥合的。

医学上对早产儿疾病率的解释要从胚胎说起。胚胎早期神经系统即开始发育，在妊娠最后 3 个月中脑细胞大量增殖，髓鞘形成，产生大脑沟回。早产儿因较早离开母体，脑细胞增殖数量较少，髓鞘形成不完善，细胞多、突触间联系形成较差，将会令神经系统的成熟受到一定阻碍。同时，早产儿脑循环未成熟，免疫系统薄弱，缺血与感染等因素也将对神经发育造成不利影响。

国内大部分研究显示，早产儿神经发育的限制主要体现在大动作能力、精细动作、语言、视觉认知功能（视觉的精细加工、视觉短时记忆、视觉空间能力）等落后于正常足月儿，且脑瘫、智力低下、感知觉障碍、癫痫等疾病发生率也高于正常足月儿。

面对这种客观事实，成阳也只能一边看数据，一边查文献，及时关注国内外最新的医疗进展，让自己“有点希望”。她说，后来医疗水平逐渐改善，早产儿存活率和无病生存率也有了明显的提高，与家长谈话的次数也越来越少了。最感谢深圳，因为深圳她才有机会接触到世界顶级水平的医疗设备，才有走在前沿的可能，才“看得到希望”。

在公与私之间寻找一个最优解

2013年4月1日，成阳被院长约谈了。

当时医院想引入医疗界比较先进的早产随访，院长亲自找成阳聊天，有意让她做这个项目的负责人，听听她的意见。在那之前，成阳其实早就开始关注早产儿随访了。

据成阳解释，早产随访是一种早产儿早期干预手段，根据婴幼儿智能发育规律及个体差异对高危早产儿进行认知、语言、运动、情感、感统、视觉、听觉等方面的综合训练，使高危早产儿的大脑潜能得到充分发挥，从而达到智力、运动等正常发展，目的就是有效预防早产儿畸形，提高其生存质量和生存率。

当时她好几次都觉得院长在和她开愚人节的玩笑，觉得“好事落到自己头上了，像在做梦”，直到真正着手开干，她才确信这是真的并非做梦。令她没想到的是，她以为的好事背后，藏着一堆她未曾关注过的问题，等着她去解决。

早产随访要根据孩子的实际情况在出院前制订好随访计划，分阶段测量孩子的各项指标，包括体重、身长、头围、胸围等一般性生长指标和智力、神经系统检查等体格检查指标，指标的科学性显得尤为重要。不仅如此，面对一个全新的领域，家长们难免也会有疑问，仅做随访是否真的会起到预防残疾的效果。

成阳面对的，不仅是要建立起一套全新的早产干预模式，更要在医患之间搭起一座沟通的桥。那是一种“与做医生完全不同的疲惫”。

刚开始那会，国内关于早产儿随访的资料也不多，成阳便找国外的案例和好的经验，通过各种渠道向先进国家学习，拿到了很多一手资料，逐渐建立起随访的评估指标体系。那时候，医院还没有开发随访电子系统，成阳便手写档案，一份一份地摆满了两个落地书架。直到今天，她工作的办公室还整齐地码着这些档案。

从 2013 年做早产随访开始，仅评估指标就调整过很多次，很多时候，看着国外优秀的评估指标，她除了担心水土不服的问题，还要考虑医院和患者双方的接受度，所以总是改改修修。成阳说，在早产随访领域，评估指标越细致，耗费的时间和精力越多，这不仅对公立医院来说是个棘手的问题，对患者来说更是。

国外标准的早产随访评估，完整花费需要 1 个多小时，人员配置至少一名护士，资金花费大约 2000 元。按时间计算，这种形式的随访日访量最多也是七八个，“这效率对公立医院来说是不可能接受的，不仅医院接受不了，2000 元的随访花费，很多家庭也接受不了”。

她一直努力在公与私之间寻找一个最优解。

“你们帮我倡导倡导！”

近几年，成阳一直努力向政府建议，希望政府能够加大对新生早产儿的随访关注，替医院和患者解决一部分资金问题。医院可以开发更加专业的随访团队，分流一部分可以支付得起费用的家庭，患者可以自由选择，医院也不用担心无法养活员工的问题。

她不是一个喜欢折腾的人，但却是一个在工作中非常较真的人。别人做随访，内容都是搬过来的，按照流程走。成阳不行，她除了做随访，还专门开设了一个公益课堂，教授一些育儿知识和小儿常见病处理方法。给人上课不比看病，讲得专业怕别人听不懂，只能往最通俗讲，转换成最容易理解的东西。

前期成阳会强迫她随访的家长来听课。她说，妈妈们普遍没有医学常识，但是孩子生病大多数时候还是要妈妈自己掌握家庭监控手段，尤其是早产儿，要尽可能地减少对医生的依赖。

前两年，成阳在临床上遇到了一例严重黄疸的小孩，入院前已经有了严重的脑损伤，后来经过换血也并未有好转的迹象，只因为孩子的奶奶并不觉得小儿黄疸是一件很严重的事，老人的经验判断延误了孩子的最佳治疗时间。成阳说这事让她触动很大，她想不通孩子的妈妈在疾病面前，竟然选择听从长辈的话。

在医院待久了，成阳会很压抑。她太替这些鲜活可爱的生命感到惋惜，由于互联网的普及，各种正确或不正确的育儿理念考验着每一位原本就认知单薄的早产儿家长，她在随访和课堂中会特意强调“只许听早产儿随访医生的”。

“这是一个很惨痛的例子……所以也坚定了我们一定要在新生儿阶段，认真做好家庭的医疗教育，康复固然重要，但早期预防才是从根源上解决问题，这样做更有意义。”

活在命中注定里

也许正是因为她自己的小时候并不“安全”，所以她把别人的安全看得很重。静下来的时候，她喜欢看文献、看案例，她还喜欢翻孩子们的随访病历。哪个小孩好久没来了，哪个小孩该做随访了，哪个小孩的生长指标没达标……这些她都记得一清二楚。然后在微信里嘱咐孩子的家长，等到回访的时候再对着生长指标一项项地检查。在这一点上，她做得很霸道，不给家长留一丝余地。

有一年，她曾要求家长在出院后的前6个月内，必须每月带孩子来随访门诊，特别是那些出生体重超低的小孩，这些孩子是她的重点关注对象，孩子一旦生病，要第一时间找到她，她“搞不定”，孩子才去住院。刚开始成阳以为家长们会不太愿意，但是真正要求起来，她才发现医生具有强势的优势，一段时间以后，反倒是家长们越来越离不开她了，“宝宝都长到4岁，上幼儿园了，生病了也一定要找我看才会放心”。

她不喜欢这种强势，这会让她显得跋扈而不是温和。但是为了孩子们能够健康地长大，她想不出更好的办法。

那一年，成阳随访门诊的数据是可观的。除去在门诊做智力康复的孩子，其余孩子们在出院后的1岁中没有因为感染性疾病再住院，没有在门诊进行过输液治疗，甚至有一部分孩子从没有吃过抗生素，要知道，成阳随访的小孩大部分来自重症监护室，而这其中超过一半的小孩，出生时体重在1500克以下。这一点是成阳感到非常骄傲的。

她看重每一次诊治。多年以来，她一直谨慎地用药，做早产随访以来更是如此。在家长眼里，她是个很有意思的医生，不喜欢给人开药方反倒喜欢给人列菜谱。有次我被她“孩子最近吃肉怎么样，吃了几次鱼”的提问惊呆了，后来才知道，她给孩子们列了一个日常营养菜谱，细化到一周吃几次鱼和猪肝。

早产儿喂养不同于足月儿，需要更加细致耐心地长期投入，家长们也更加疲惫。为了鼓励家长，成阳设计了一个“乖宝宝”奖牌，专门颁发给那些出生体重在1500克以下，后期生长指标达标的孩子们。成阳笑着说自己的设计“不值钱，但是有意义”。

她很喜欢强调事物的意义，只是因为她从小就认定自己的存在是“有意义”的，这是她父亲告诉她的。她觉得生活一定会变得越来越好，觉得自己注定成为医生，“命中注定”的解释好像会让她变得更加坚定一般。一个鲜活的例子是，小时候她得知人手指的指纹“螺越多越好”，她的姨妈十个手指都是“螺”，生活过得安逸富足，她觉得姨妈很有福气。成阳自己也有十个“螺”，她觉得自己以后也会很有福气。

“一定会有福气”是成阳想象的，但是父母给她的福气却是实实在在的。在外人眼里，成阳的父亲“比较严肃”，但就是这样一个严肃的人，像女儿的粉丝一样，经常夸她美。“我也不知道我自己是不是真的漂亮，我爸每次都夸我漂亮，我也懵懵懂懂的，真的就觉得自己挺漂亮的”，她笑得像个十几岁的少女，“这可能就是我自信的源泉吧”。

尽管现在她也知道无论是十个螺还是被父亲夸赞，不过是一种积极的心理暗示，但眼前的她仍然有一丝还真是这样的轻松。让人难以忽略的是，要是她现在过得并不像她以为的那么好，会是怎样一种心态。

在这一点上，她其实比我想象的更加坦然。

乐观的妈妈与爱哭的医生

成阳现在的坦然，很大一部分原因来源于她的病人。

2013年至今，成阳接访了3520例早产儿家庭。小悦妈妈是成阳最早的那批随访家长之一，她的孩子因为早产外加病毒感染得了脑瘫，除了做康复，她会定期带小悦来成阳这里随访，除此之外，小悦妈妈也是成阳“妈妈交流群”的群主。这个微信群是成阳提议建立的，成阳的初衷是想通知妈妈们上课的时间和地点，方便她统计人数开课，后来发现微信群帮助家长们建立了一个学习和支持的平台，具有不小的意义。

在微信群的管理上，成阳没有那么多时间和精力，小悦妈妈主动请缨，接手了微信群的日常管理。她定下群规：群内实名并且不许发广告。成阳会吩咐手下的护士按照随访名单确认实名成员，小悦妈妈做好校对表格，发现有广告商潜入第一时间踢出群聊。

成阳说，小悦的情况并不乐观，甚至可以说是这些孩子里最严重的，但是小悦妈妈还是积极地参与到这些义务性的工作中，“她的心态是最好的，她只要求孩子能够生活自理”。这件事让成阳感受到一些不一样的东西，那是一种对现实的接纳和反馈。

在她眼里，残疾人家庭最不能抛弃的是道义和情感，其次才是现实。她见过太多因为缺陷选择放弃的年轻父母，她觉得这是“不负责任，是逃避，是家长把痛苦转嫁给孩子”，生命之于她的意义，就是从小父亲对他“天生我材必有用”的价值输入。说到这里，她声音开始哽咽，那是一个医生面对疾病的束手无策，又或许是一个残疾人和一个残疾家庭面对社会的同理心。

只不过，面对自己，她已经变得足够坦然。

算下来，到今年，成阳做医生已经整整30年。外人眼里，她是一个好医生，是专家，是老师，她被越来越多的人注视，她并不觉得这有什么不好，因为她想让自己的声音被更多人听到，她需要一个渠道告诉更多的人“怎样做早产干预”，而她心中也逐渐放下对外科的执念。

在早产随访这条路上，她又找到了新的方向，对她来说，成为医生更像是一场长达30年的试验。

反思笔记

从小，我对残障人士的概念和认知都处于一个非常模糊的概念，而且以为用“残疾”来称呼并无不妥，直到后来接触更多残障研究，才逐渐认识到这一群体，不可否认的是，最初我的确夹杂着过多的同情，而忽视了平等。

在我访谈成阳前，看到关于她的一些背景介绍，其实我并不认为她是传统意义上的那部分“被边缘化”的人，因为她的残障程度并不属于传统意义上的“严重”，甚至是“轻微”的，她的残障对她的生活并没造成很大的影响，她能自如地生活和社交，和健全人无异。但是，随着访谈的开始，我意识到自己严重的认知错误，我们认为的“轻微”或是“不影响”，客观真实地存在于他们的身体和生活之中，对他们的生活和选择产生巨大的影响。是否存在这样一种假设：这“轻微”会使残障人士产生更大的心理负担。因为一点并不影响正常工作和生活的小缺陷，而在工作和生活之中遭遇不公平待遇，是否会加剧他们的负面情绪，让他们感受到来自社会的更多恶意？如果这种假设成立，那背后的原因究竟是什么？

从某种意义上来说，本文的主人公成阳是幸运的。她受到了良好的教育，以及她现在的职业赋予她一个相对较高的社会地位，使得她成为被尊重的那位。文中略有提及的是，成阳从小生活的社区对她是很友好的，一方面得益于她父亲的社会地位（当时钢铁厂学校的老师，后来做过学校的党委书记）；另一方面，亲密的邻里关系为成阳的社会融入提供了良好的环境支持，与此相关的是，成阳外向活泼的性格。

成阳性格的养成很大一部分原因来自于父母。在成阳的童年时光里，为了弥补成阳无法参与的课外活动，父亲定期地带她去看电影，在那个年代，电影并不是一个主流且普通的消费，看电影可能是这个家庭很大一部分生活开支，但是父亲还是坚持了下来。除此之外，父亲总会夸女儿长得好看，这给了成阳很多肯定，也是她自信的来源。这让我不得不想，在今天的城市生活中，同样的做法是否会促进良好的社会融入？情况一定会更好吗？今天我们面临哪些不一样的问题呢？

令我印象最深的是教育。成阳高考的失利并没有造成多大的遗憾，反而是高考后的小插曲——教育学院的面试。面试，就像是一个神秘的筛选环节，对于像成阳这样的人来说，淘汰理由通常只有一种。据了解，到现在，很多地方的教师资格都对外貌有要求（各地不一样），肢体障碍、脸上有疤、明显的大小眼（或单眼视力不行）之类的可能都会导致一个人在符合其他条件的情况下仍因“体检不合格”而达不到教师资格。而这些限制的理由之一是，这样的外貌对未成年人身心健康不利……

文中提及的是，起初成阳非常想成为一名外科医生，但是在工作分配时受到了限制，很多人可能会问，她为什么不反抗？我也有过同样的疑问，只不过在后续的访谈中逐渐明白，因为被限制的理由“太合理”了，合理到所有人都认为这没什么不对。但是，这真的是合理的吗？为什么包括成阳自己，都不曾质疑过？在我看来，成阳是个倔强坚韧的人，她总说自己喜欢随遇而安，这让她在入职时所做的退让变得合理起来。成阳读书那个年代，毕业可以直接分配工作，在成阳父亲看来，工作对成阳来说是重要的，更多是站在保障基本生活的立场上，但是换个角度来看，成阳的工作为她提供了很多社会交往，在医院的日子里，她见过太多的生离死别，学会重新审视生命，职业赋予了她更多的自信和力量。

这是成阳的幸运。但是，我们不能忽视，除了成阳，更多像成阳一样的人呢？他们也许接受不到良好的教育，也许父母对待他们的态度并不友好，也许从小到大他们都是班里被排斥的那一位，也许根本没有机会进入大学，也没有机会进入职场，他们的人生是怎样呢？除了残障，社会究竟多大程度上造成了他们的不幸？

我有位朋友前段时间求职，她很坦诚地告诉HR自己曾经患有抑郁症，现在已经治疗痊愈，对方本来很想留下她，但是考虑再三还是拒绝了她。我们的社会现实是就业市场上连痊愈的抑郁症都忍受不了，可这背后的原因究竟是什么呢？

我认为是认知。来自于社会带有偏见的认知，而这种偏见，可能已经与我们的文化形成共和，又影响着更多的人。在成阳的身上，我们看到的是一种相对较好的状态，相对于其他类型和程度的残障者，成阳的残障并没有对她的生活造成很大的影响，但是回到最初的假设，这看似不严重的影响的确影响着她的求学及之后30年的职业生涯，只不过主人公通过一种自我激励的方法获取了内心的平和，难免让人心疼。

我无法假设如果成阳出生在现在这个社会里，她的情况是更好还是更坏？她会不会顺利地成为一名外科医生，会不会因为不分配工作而遭受冷落……

（文中成阳、小悦妈妈均为化名）

陈圳：迟到的礼物，世间的奇妙语言

周　咏①　李然然②

第一次见到陈圳是在他位于深圳市宝安区的家里，瘦瘦高高的男孩，17岁，戴眼镜，唇上隐约还有青春期男孩刚冒头的小胡子，穿着深圳外国语学校的蓝色短袖校服，坐着的时候很安静但不腼腆。在见面之前，就在陈圳爸爸陈锡光的微信朋友圈中看过陈圳的照片，照片里的陈圳总是在参加各种活动，笑容阳光，是处在年轻、美好时光里的模样，而陈爸爸总是在朋友圈称呼陈圳为“这个帅哥”。

见面走近时才看到陈圳右耳里戴着一个小小的助听器，陈圳是听力二级残障。听力残障分为一到四级，最严重的是一级，不能靠听觉进行交流，听

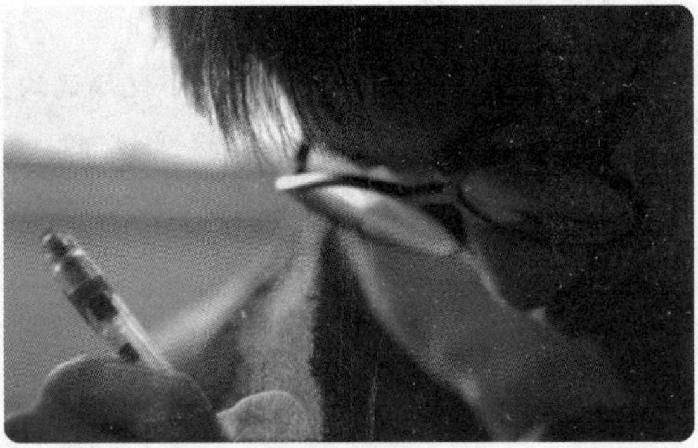

认真阅读中的陈圳

① 周咏，女，美国杜克大学在读研究生，深圳大学残障与公益研究院研究助理。
② 李然然，男，中山大学传播与设计学院影像传播本科。

力二级是听力功能严重受损，较好耳的听力损失在81—90 dBHL之间，在无助听设备的帮助下，与他人的交流会严重受限。用陈圳爸爸的话来形容，在没有助听器的情况下，说话要有一架飞机从他身边飞过的音量，才能被他听到。

跟陈圳第一次见面的那天，他的助听器正好出了问题，所以听话时有些吃力，需要靠近他并加大音量。但陈爸爸说，助听器正常的时候，在比较安静的环境下，可以跟陈圳像普通人一样交流。尽管那天陈圳的助听器出了问题，跟他交流却并不困难，甚至可以说陈圳在表达方面优于许多人，说话流畅，发音标准，思维敏捷，逻辑清楚，谈到自己的兴趣和理想时眼睛会发光。

抚养一个孩子并非易事，培养出一个有理想、有知识的青年需要更多的付出。在这个过程中，那些众所周知的困难只是海面上的冰山，面对陈圳的听力障碍，他的父母的努力与付出更多的是掩藏在海面下的那部分。

一

2000年11月，陈锡光和他的妻子庄丽妹在北京海淀妇幼保健院激动地迎来了他们的第一个小孩，是个儿子，取名陈圳。尽管出生第3天时，陈圳没有通过新生儿听力筛查，但医生说刚出生的婴儿通不过并不罕见，于是这个小插曲很快就被新家庭成员到来的喜悦淹没了。陈圳40天大时，还是没有通过听力筛查。当时完全没有接触过这方面知识也没有接受过多少教育的陈锡光夫妇仍旧没有将这个问题放在心上，他们继承着老一辈的思想，“孩子长大了应该就好了”。当时北京耳鼻喉研究院主动联系了夫妻二人，告知他们孩子听力问题的严重性。刚开始他们只是觉得不断的电话很烦人，一直到陈圳6个月时，耳鼻喉研究院用上了“骂”才让夫妻二人醒悟。他们带着陈圳去医院检查，同仁医院诊断陈圳为先天的神经性耳聋，暂时没办法治疗，给陈圳配了人生中第一副助听器。

除此之外，庄丽妹每隔一天就要带着陈圳去医院打针，她补充说：“打肌肉的，那个时候比较心疼，孩子还那么小。”顿了一下之后，她又说：“他小时候特别可爱。”神情像是现在还在心疼17年前两天打一次针的小陈圳。她没有意识到的是，也许该被心疼的还有她自己。有一次，她照常背着包、抱着陈圳去医院打针，走在前面的人突然掉了钱，这个时候后面追上来一个人马上捡起钱，说和她一起分。还没反应过来，前面的人就回来寻钱，非要说是庄丽妹拿了钱，捡了钱的那个人反而跑了，于是便要搜庄丽妹的背包，为了自证清白，她只能答应。到了医院才发现背包里的手机和钱全部不见了，才反应过来这是一场骗局。没了钱，针也没法打，只能抱着孩子又回家，大半天花在路上却什么也没得到。人在不幸的时候仿佛就再也承受不住其他任何打击，她抱着孩子回到家中，崩溃大哭，一边埋怨为什么夫妻二人都这么善良，不幸的事情却总是发生在他们头上，一边泣不成声。

在陈圳小时候，他们还抱着希望想治好陈圳的耳朵，带着陈圳奔波于全国各地的医院，大医院要去，江湖医生也不放过，就连老中医也请来家里针灸。而一些诈骗犯正好利用家长着急的心情，假装医导的骗子有，假装患者的骗子也有，甚至明目张胆抢钱的也有。陈锡光说大家听过的没听过的骗局他们都经历了，为了带着陈圳治疗见过了社会的很多黑暗面。

即使是之后陈圳在培训中心学会了说话，开始像正常小孩一样上学生活，夫妻二人也清楚现阶段医学上没办法医治陈圳的神经性耳聋，但内心深处还是不愿意放弃一丁点希望。这样的心理有点像飞蛾扑火，一方面知道宣传能治好的99%是骗局，另一方面又祈祷着遇见那1%，他们想尝试抓住那可能并不存在的稻草。千回百转的心绪和兜兜转转的试错其实就只是三个字：万一呢。最后一次受骗是在陈圳四年级时，他妈妈在网上看到山东一个中药广告可以医治耳聋，很多人说不能信，她还是打电话去了解。虽然科学上没有证据证明中药对耳聋有效，但是她想，也没有证据证明中药一点用都没有。这个药很贵，因为是中药，所以还要空运过来，空运过来一次的药可以吃1个月，一次六七千块钱。刚开始的时候确实起了作用，陈圳在书房，妈妈在外面叫他，他竟然听到了，陈圳立马跑出书房大喊："我听到了！我听到了！"一脸难以置信又惊喜的笑容。第一次收到明显的疗效，全家都前所未有地感到开心。但是这个药只在刚开始的时候有用，后来就没有任何效果，听力也回落了。尽管是这样，因为曾经见到了效果，内心更加不愿意放弃这一点点可能性，家人还是不死心地让陈圳坚持吃了大半年中药，最后十多万元打了水漂。

二

因为陈圳的听力障碍，整个家庭所有事情都是围绕他的，陈圳的治疗和成长是全家的焦点。花了多少钱不在意，受了多少委屈和欺骗都熬过去，能努力的地方就决不松懈，只要能让陈圳受益。用陈圳妈妈的话来说，就像去买一本书，不管这本书要多少钱，只要能让陈圳认识哪怕一个字就足够了。

最开始同仁医院给陈圳佩戴的助听器要两千多块钱，而当时家里奶奶因为年迈听力下降戴的助听器才两百多块，夫妻二人觉得这肯定是很好的助听器了。直到陈圳两岁多，还不会讲话，二人才真的意识到问题的严重性。寻求治疗无果之后，他们才找到正确的方向：带陈圳去北京聋儿康复中心进行语言培训。后来在语言康复培训时遇见的一个家长告诉他们，陈圳佩戴的是最差的机器，他们现在给孩子配的是新上市的数码助听器，最好的是15,900元，夫妇俩听后毫不犹豫给陈圳换上了这个最新的助听器。

为了让陈圳学会说话，陈妈妈不再参加工作，全身心投入陈圳的语言康复培训，小陈圳两岁的弟弟也是请保姆照顾。刚开始的时候，陈圳要去康复中心上课，陈妈妈也要参加家长的培训，才能带着陈圳完成在家里的练习。一期家长培训班是4个月，庄丽妹小学没毕业，跟不上进度，上课只能抄旁边家长的笔记。因此她上了两期课程才完成家长培训。陈圳语言培训的那3年，陈爸爸用四个字形容：“没日没夜”。早上四五点起床，晚上12点后睡觉，“拼了命在教”。每天庄丽妹带着陈圳坐1个小时的公交车去学校，陈圳还没学会说话的时候这一路上都很煎熬，每当他有情绪了或者想表达什么，比如想喝水，却不会说，妈妈也不懂他到底想干什么，当时还小的陈圳就会生气闹脾气，甚至在公交车和马路上打滚、大哭。去到超市，陈圳拿到水就想马上喝，妈妈跟他说要先付钱，他没办法理解，又开始大闹，陈妈妈束手无策也跟着崩溃。那段时期，许多这样无力又无奈的时刻向庄丽妹滚滚而来。为了不让自己的情绪影响陈圳，她只能晚上偷偷地哭，有时候梦到陈圳会说话了，醒来发现不过是一场梦，眼泪就流下来了。

从起床到睡觉，夫妻二人都在跟陈圳重复一个又一个词语，每天说到口干舌燥、喉咙沙哑。家里贴满了各种纸条，凡有名称的东西都被贴上了纸条，电视上就贴着“电视”两个字，桌子就贴着“桌子”，钟表就贴着“钟表”，空白的地方就贴着儿歌和唐诗，整个家里到处都是便签。不管是见到什么东西，都会不停给陈圳重复这个东西叫什么，睡觉前一秒还在念儿歌给陈圳听，哪怕是睡下了父母脑子里也还在想明天要教陈圳什么。因为听力问题，陈圳不能像普通小孩一样自然而然地就认识生活里的东西，所以家长需要不断地、刻意地、重复地引导他去学习和记住这些词。

每天陈圳从学校回来，陈妈妈还要带着他复习学校教的知识，然后把每天的进度和心得都写在本子上交给老师。庄丽妹总是说自己没什么文化，字也写不好，哪怕是绞尽脑汁，每天还是很用心，花很多时间来为陈圳做记录。即使她不是最有能力的家长，她也要做最用心的那个家长，因为她相信她的用心会让老师感受到，老师也会更关注陈圳。现在留下来当时写记录的本子，还有几十本，差不多是一千篇日记。这些记录上的日期一天连着一天，从来没有中断过，每天学了哪一个发音，学了哪一个词都清清楚楚地记在本子上。每天写给老师的心得末尾都工工整整地署着“庄丽妹”三个字。翻开这些10多年前的纸张，陈妈妈当时的心情立马展现在眼前：对陈圳的细致，对老师的感激，毫不懈怠的努力，都字字清晰。

语言的学习不像是望不到头、碰运气的治疗，而是要稳扎稳打每一步，一分耕耘一分收获。这其中的辛苦没亲自体会过的人很难感受到，也很难用言语描述出来。虽然就连最简单的“ɑ”的音，陈圳都要学上好几个月，但陈圳每一点细微的进步都让庄丽妹十分开心。家里楼下桃花树上的花被大风吹谢了，陈圳指着树说“花花没了”，她便开心得像是有人把这花送给了她。早上上学时，妈妈指着幼儿园门口的教师合照里的董老师和毕老师对陈圳说，“这是你的老师”，下午放学时，妈妈又指着照片里的人问陈圳是谁，陈圳回答“老师”。尽管每次都只是一两个词，但是在陈妈妈心里，每听到陈圳口中蹦出一个词，都是一个母亲第一次听到自己的孩子学会了叫“妈妈”那种心情。陈圳学习的困难异于常人，因此学习的成效弥足珍贵，给父母带来的成就感和幸福感也更厚重。

现在回想起来，他们很佩服当时不计付出只知坚持的自己。如果再经历一次，他们不敢保证自己还能坚持下去。

三

陈圳算是中国较早接受早期语言干预并有成效的聋儿。陈圳遇上了中国聋儿语言培训的起步，也是从那时候开始，这个领域的人才明白原来对聋儿的语言干预越早越好。以前，家长和语言培训的老师都以为孩子长大了才有学习的能力，所以等到孩子年龄稍长才开始语言干预，反而错过了最好的干预时期。而陈圳因为很小就开始语言培训，他的语言能力甚至优于许多没有听力障碍的人。每当看到有听力障碍并且不会说话的小孩或者成人时，庄丽妹都很感激当时在康复中心遇到的老师和其他家长。老师带来专业知识和正

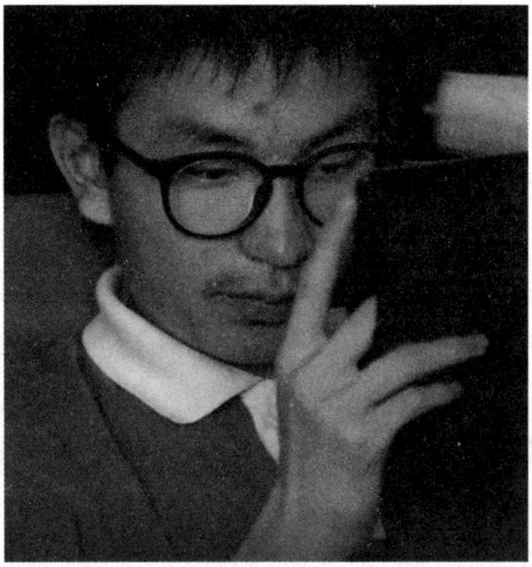

浏览 Kindle 的陈圳

确引导，家长们之间会互相分享信息和资源，特别是其中一些很有学识和见识的家长。这些信息和整个家庭的努力才造就了陈圳的今天。

对庄丽妹影响最大的老师之一万选蓉，是当时在聋儿康复中心培训他们的老师之一，现在已经是中国聋儿康复方面的著名专家，是我国聋儿康复事业中语言训练方面的开拓者和奠基人物之一。她一直记得万选蓉老师的一句话，“我们这样的孩子永远是追不到正常的孩子，我们要走在别人正常人的前面，不能落下，一旦落下就永远追不上了”。这句话让庄丽妹意识到了她面临的挑战有多大，也激励着她比别人更努力。就算是后来陈圳的语言学习很成功，进入了正常的小学和初中，她也不敢松懈，一年级会让陈圳预习二年级的东西，初一会让陈圳预习初二的东西。她害怕哪一环不对就让陈圳落后于同龄人，因此从来不敢满足于现状。当然她记住这句话不是为了“追赶”什么，她只是把作为残障儿童的父母需要付出更多努力铭记于心。

在旁人看来，陈圳算是比较成功的聋儿例子。陈圳性格阳光活泼，与人交流没有障碍，在深圳市最好的高中之一就读，也经常被一直跟踪陈圳情况的聋儿专家当作成功例子给别人介绍。说到成功的经验，庄丽妹认为，首先当然要给孩子找到合适的助听器，这是康复的基础；更重要的是，家长一定要肩负起责任和敞开心扉。肩负责任是指家长自身要尽最大的努力，而不是只依靠老师或者其他人。在面对陈圳的身体缺陷时，夫妻二人 10 多年来一直在积极主动地从外界获取信息，努力跟上最好的医疗手段和治疗方法，敞开心扉则是自己内心要完全接受孩子有缺陷这个事实。原生家庭往往对孩子的影响最大，并且这种影响是潜移默化的。如果自己的家庭都不能直面这个问题，那么孩子必然会逃避和感到自卑。因此在外面见到别人时，夫妻二人会很直白地说他们的孩子听力有问题，所以要戴着助听器。还会主动邀请陌生人来和陈圳对话，因为陈圳对家里人的声音和身体语言都很熟悉，能听懂爸爸妈妈的话并不代表他也可以和其他人交流，所以刻意让他多和其他人接触。

庄丽妹夫妇并不是一开始就有这么积极又成熟的想法，而是聋儿康复中心的老师和一些专家不断给他们做思想建设，灌输正确的想法，摆正了做家长的心态。不仅如此，老师们还会教家长怎么去调整孩子的心态，怎么去和残障小孩对话。小时候吃饭时，陈圳问他们，为什么爸爸妈妈不用戴助听器，弟弟不用戴助听器，只有他要戴。夫妻俩按照老师早就教过的话回答陈圳："因为你的耳朵生病了，所以要戴助听器才听得见，你看姑姑的眼睛近视了看不见，所以戴着眼镜。"不可否认，开放的家庭环境影响着陈圳的性格。

正是因为深知培养一个有听力残障孩子的难处，也知道有人帮助和引导的重要性，夫妻二人会很主动地去帮助其他类似的家庭，会给他们介绍自己在这方面的经验，因为有条件定期给陈圳换助听器，也会把换下来的助听器无偿捐给需要的人。"康复一个孩子就是挽救一个家庭"，这也是他们当初在康复中心学到的道理。

四

两年前，陈圳作为象棋特长生考上了深圳外国语高中部，这是深圳数一数二的高中。深圳外国语对象棋特长生的要求是初中阶段获得过市级比赛的前三名或者省级比赛前八名，而深圳市的前几名陈圳全部拿过。于是在中考过后，陈圳参加了深圳外国语举办的象棋特长生招生比赛，学校只录取第一名的学生，陈圳就是第一名。在北京上幼儿园的时候，陈圳就开始了自己对象棋的兴趣。后来四年级全家搬到深圳，陈圳开始在课外学习象棋，每周六下午上一次象棋课，没多久就超过了在里面学了几年的其他学生。之后经常参加比赛并能拿到很好的名次，一直到高中学业加重，陈圳才没有继续学习象棋。除此之外，打篮球也是身高接近一米八的陈圳的爱好。

现在陈圳是高二在读，文理分科时选择了理科，他的理科成绩一如既往地名列前茅，但是英语是他的弱项。因为听力缺陷，陈圳很难学习英语的发音，这也影响了英语其他方面的学习。虽然陈妈妈觉得，如果在陈圳小时候他们就对英语多加关注，以陈圳的聪明，现在肯定会学得更好。外语是听力障碍孩子学习的难点，深圳外国语会给学生提供学习第二门外语的机会，比如德语和日语，但是陈圳没有办法参与这些第二课堂，因为他完全听不懂。而其他科目，因为高中课程变难，学校的教学节奏也很快，陈圳有时候会听不清，导致跟不上个别老师的上课节奏，所以课后需要自学。但是当问陈圳是否觉得自己学习得比别人更困难时，他回答："不会，我觉得这个东西（听力障碍）并不能作为一个困难，学习是靠思考的，而不是靠听的。"

因为陈圳的聪颖和家长的付出，他的进步总是超出预期，最开始他们只希望陈圳能学会说话，后来就希望陈圳能上正常的小学，然后就是希望陈圳能上一个好的初中，现在陈圳考上了深圳著名的高中，他们也像其他家长一样，希望孩子能考上大学。陈圳也希望自己能考上好的大学，但是还没有具体的目标，因为他觉得现在高二，自己的成绩还不够好，应该先集中精力提高成绩，高三时再根据自己的成绩确定一个合理的目标。陈圳对未来的期待和计划很好地体现了他的理科思维，清晰又理性。

如果去问一个高中生，你将来的理想是什么或者你最感兴趣的专业是什么，得到的答案很有可能是"不知道""我还没有想好"。但是陈圳给出了很明确的答案——物理核能。他认为，如果能够解决核能问题，就能解决能源问题，本质上来说算是人类的生存问题。他的理想是通过研究解决现在能源方面的一些问题，比如环境污染，或者发现其他像核能一样的绿色能源。理想没有高下之分，现在陈圳所说的也不一定就会成为他的最终事业，但是陈圳给出的这个答案既不像小孩说我要当科学家那样随口说来和笼统空大，也不像有些人说我想开个自己的咖啡厅一样拘泥自我，更不像"我要当个有钱人"那样俗气。很明显陈圳认真地思考过这个问题，他说出的话也会让旁人觉得他是一个爱阅读、爱思考和关心社会的人。

现在的陈圳显然不需要家长过多地照顾与担忧，他会体贴家长，会自主学习，也会像同龄人一样在假期熬夜和沉迷电子游戏。庄丽妹也承认她现在比以前放松了很多，以前经常哭，也很瘦，现在放宽心，人都长胖了。不过妈妈心思细腻，关注和担心的事情还是更多。比如她会有意无意跟陈圳提到婚姻方面的问题。在地铁上，陈圳摆弄着妈妈的长发，陈妈妈便趁机问他是不是喜欢女生的长头发，想不想交女朋友，陈圳半开玩笑地回答说肯定啦。于是妈妈便顺水推舟跟他谈论这个问题，首先谈恋爱时一定要跟对方讲明白自己的听力缺陷，第二点是就算对方不介意，也要考虑对方的家庭能否接受。虽然不是每个人都会介意对方身体上的缺陷，但是陈妈妈不希望将来陈圳在感情方面突然碰壁和受挫，所以早早给陈圳做好心理建设。

随着医学和科技的发展，听力残障没有以前那么可怕了，有条件的人有很多选择，可以佩戴先进的助听器，也可以做耳蜗手术。更高效的信息传播也让很多人能在一开始就找到正确的方向。

陈圳的成绩是全家一起努力的结果，父母给了他生命，又倾尽全力为他弥补了听力上的缺陷。对陈圳来说，他不是失去了听觉和说话的能力，它们只是迟到了，语言的美妙是父母给予他的迟到的礼物。在某种程度上，这个家庭成就了陈圳，但是反过来，陈圳也改变了他的父母。为了陈圳，作为妈妈的庄丽妹学会了普通话，写了一千多篇文章记录陈圳的成长；为了陈圳，作为爸爸的陈锡光一直关注着前沿医学，对助听器也了如指掌；为了陈圳，夫妻二人结交了很多朋友，学会了很多新的东西。谁都不想因为这样的理由去成长，但是在接受采访时，庄丽妹微笑着说："谢谢陈圳，他让我学到更多，真的。"

反思笔记

周　咏

陈圳是可以作为一个先进案例来讲的。从现状来看，陈圳做到了很多残障人士做不到的事情。他从小就就读于正常的学校，现在更是在深圳数一数二的高中就读；他有自己的特长——象棋，并且在这个领域做得很好，在市级和省级比赛中都拿过很好的名次，这也是他现在能进入深圳外国语学校的原因之一。

从我的个人角度来看，陈圳成功最重要的原因是他有良好的家庭环境。首先，我不能否认陈圳家庭的经济条件比一些普通工薪家庭要好，但这并不是他能作为一个成功案例的唯一原因，更为重要的是父母的付出和整个家庭的氛围。在陈圳成长的过程中，父母的努力不可埋没，而这些努力并不是一定要有强大的经济基础才能做到的。我看到的一个很重要的方面是，作为残障儿童的家长，陈锡光夫妇在信息收集方面做出的努力。虽然在陈圳年龄很小的时候，他们没有认识到问题的严重性，但是在清楚地认识到问题的严重性之后，他们并不是自怨自艾，也没有对此羞于启齿，而是以更加积极的态度去解决这个问题。他们想尽各种办法收集关于听力残障的信息，包括各种助听器的使用以及语言的培训。而陈圳母亲庄丽妹在陈圳语言培训期间的付出也不是常人可以做到的，她最初是一个连普通话都不会讲的人，通过自己的学习，可以每天在家里教陈圳发音，记录陈圳每天的学习进程，一共写了一千多篇记录文章。在这些文章中，我看到了庄丽妹作为一个母亲的坚定信念，不管学习的过程有多么艰辛，她都坚定付出努力。她拥抱陈圳所做的每一点进步，同时怀着一颗对老师感恩的心。

第二点是这个家庭的心态。心态也许是一个很抽象的东西，但是却对残障人士的成长有着重大的影响。残障人士在日常生活中或多或少会获得他人更多或好或坏的关注，而生理上的不同也会让他们内心更加敏感，因此我相信，残障人士会更倾向于用他人的评价和自己与他人的关系来定义自我。不仅是残障人士本人的心态，在残障人士的儿童时期，父母的心态尤为重要，父母对于身体残障的看法会在潜移默化之中影响孩子的自我认知。如果父母能够坦然接受孩子的残障，并且对孩子开放地引导，那么孩子也会更能接受自己，减少产生心理问题的可能。更深一层，父母的态度无疑也会影响孩子的世界观、人生观，特别是对于残障儿童来说，父母对于残障的态度对小孩的性格影响颇大。

最开始的时候，我对陈圳的爸爸陈锡光进行了采访，大致了解了陈圳的成长历程和现在的状况。第一次采访我只感觉到如果家长是有能力的，小孩的成长就能够获得更多机会，但之后对陈圳妈妈的深入采访才让我了解了更多陈圳能成长为一个优秀青年的原因。虽然陈妈妈庄丽妹在采访的开头就羞涩地表示她不善言语，但她在采访中说出的话却是充满感情的。我看到了一个母亲用自己的温柔、细心、坚韧，帮助自己有听力障碍的孩子一点一点地学会每一个发音。包括我在文章完成之后发给他们夫妇阅读，庄丽妹十分仔细地阅读了文章中的每一个字。我看到夫妻二人的紧密配合，10 多年坚持同一个目标，让陈圳像正常的小孩一样成长。很显然地，他们实现了当初的目标，甚至做到了更多。某种程度上，陈圳在很多方面比许多同龄的、没有残障的人还要优秀。中国以前有个词语叫“又聋又哑”，暗示着如果一个人不能听见声音，那么他也没有办法学会说话。但是现在已经不是这样了，在与陈圳交流的过程中，我几乎感觉不到他是一个有听力障碍的人。也许未来的某一天，“聋”和“哑”会成为两个毫无关联的词。

黄志坚：用耳倾听，用心探索

付依价①

“面对原生家庭的羁绊，当你内心感觉到越不安、越匮乏时，越努力挣脱，就会越痛苦。因为这就好比有一根绳子勒住了你，越努力挣扎只会让绳子勒得更紧，深入皮肉，痛入骨髓。”②

每个人都知道原生家庭对个体成长的影响，但少有人能跳脱出这种局限性，选择自己能够勇敢承担后果的道路。而对于黄志坚而言，他一直用行动诠释着自己对某种既定命运的抗争。

幼年失明

在尚未高楼林立的20世纪80年代末，他和父母、哥哥妹妹一起生活在深圳市宝安区沙井街道，那时的沙井还是淳朴地道的乡村，屋后有鱼塘，门前有果树。本该自由散漫、活泼成长的他，却在2岁时，由于一次意外磕绊，导致眼部受伤，家里的长辈用药酒擦拭，结果不慎流入眼内，造成了视觉神经的萎缩。从他在白天醒来，黑暗中轻声唤着阿妈起，还未能形成记忆的孩童，就已经认识不到形状和色彩。

突然的失明给平凡的家庭带来巨大的打击，对父母而言，就算倾其所有，也会想要治好孩子的眼疾，先是本地医院，而后坐船到广州看病，甚至到外

① 付依价，男，东北财经大学社会学硕士，深圳大学残障与公益研究院专职研究员。
② 摘自黄志坚的朋友圈。

省的专科医院，西医不行看中医，哪怕是些道听途说的民间偏方，但都收效甚微。尚在懵懂的幼童，不明白母亲寻医途中的啜泣，也未能理解自身竟因这眼疾，即将开启截然不同的人生。

对于视健者而言，失明大概只是电视剧的情节，或印象中的阿炳弹奏着《二泉映月》，但他却真切地在黑暗中摸索了30余年。触碰一枝花叶，可以感受别人体会不到的新奇快乐；失去许多可能，也承受着普通人成倍的伤心失落。生活像跌进深渊，是家人支撑他向前，走过漫长曲折的路程，尽力去探寻内心真实的想法与感受，逐渐接纳了自己的模样和人生。

“我们每一个人都是独一无二的，都是造物者的光荣。每一个人的内心深处都有自信的声音，只是有的人在成长过程中，与这内在的声音失去了联结。如果，有一天，我们能够重新联结上这内在自信的声音，我们便能学会对自己满意，拥有自我肯定与欣赏的能力，学会悦纳别人对自己的肯定和赞美，也可以很坚定地对自己说‘别人很好，我也很好’。”

每个人或多或少都会有怀疑自我的时刻，黄志坚也是如此，但他更多的是像自己的名字一样，怀抱志向，坚持理想，朝着自由的道路大步前往。

倔强成长

虽然失去了视觉，但他所经历的童年快乐，却丝毫没有比同龄人少，父母并没有把他禁锢在家里，而是任由他和小伙伴在村子里追逐打闹。在一起玩耍的时间久了，小伙伴们便也不觉得黄志坚和自己有什么不同。熟悉的环境、同伴的青睐，让他觉得自己与他人没有什么不同。

当时的沙井还只是小乡村，人口不多，大多都是些邻里乡亲，村里的道路宽阔，少有行人车辆，道路两边遍布稻田和鱼塘。那时的他最喜欢和小伙伴骑着自行车从村头到村尾来回追逐。偶尔半路杀出个“程咬金”，故意挡在他的前方，还质问他为何撞人，他毫不示弱地大声回答：“因为我看不见，你不应该挡我的路。”

小小年纪的倔强态度是从母亲那里学来的。有次母亲带他吃早餐，村里人想调侃他看不见，便偷偷把彼此的碗对调了一下，母亲旋即呵斥：“你觉得这样做好玩吗?”严厉的口吻，完全不像平日里温和的母亲，幼小的他把这一幕记在心里，学会了随时去自我捍卫。

“我们必须保持学习状态，不断提升自己。成人的世界就是不断解决问题的过程，只有自己足够强大，才可以应对各种变化，无论是家庭变故还是市场环境的变化。”

书的力量在于传递知识的同时，培养了思维方式。而黄志坚热爱思考，热爱阅读的习惯，便是从牙牙学语的课堂开始的。

初闻书香

在当时村民的认知中，“盲人”已经算是半个废人，能给人算个命什么的就可以知足了，当邻里都劝父母将他送去学算命时，一家之主的爷爷却认为，再穷不能穷教育，三番五次请求村里小学的校长，甚至让还未到上学年龄的妹妹陪他一起读书，校长才答应黄志坚随班就读的请求。

学校的几年里，他和同学打成一片，一起在操场上奔跑，跳皮筋，甚至是打篮球，在传球的时候队友会喊他一声，然后他根据声音判断来球的方向，先用手护住脸部，等球撞到身上，再想办法抓住。虽然时常会有磕碰，但比起伤痛，学习和玩耍，有着最真实的欢乐。

初中时期

临近小学毕业的1995年，父母偶然从一位传教士口中得知，省会广州有一所盲人学校，专门接收视力障碍的学生。出于对他前途的考虑，纵然心中万千不舍，还是决心送他到广州求学。10岁出头，他便满怀好奇地踏上异乡求学的长路。

入读省盲校是一笔不小的开支。每年的学费将近2000元，作为非广州户籍人口，还要额外缴纳2000元“借读费”，每月伙食费200元，再加上平日的开销，一年下来高达6000多元。而家里的经济收入基本源于务农和养鱼，年家庭收入不足万元。所幸依靠爷爷奶奶和亲戚们的时常帮衬，才勉强维持了一家的生活。

宝安区残联的领导了解到他的情况，看中他是本地为数不多的“心思上进”的残疾人，决定每年特拨2000元予以资助。在各方的支持下，他的学业才没有中断。随着深圳的城市化进程从中心扩展至周边农村，家里田地、鱼塘开始被集体征收用于建设厂房、宿舍对外出租，并拿到分红，家中经济条件也随之有了起色，没有再为学费犯过愁。

得益于随班就读时打下的学习基础，进入广州盲校后他便就读了快速学习班，开始正式学习盲文。迅速掌握要领之后，他爱上了盲文阅读。尽管当时盲文翻译的书籍不多，但是对于一个没有过阅读体验的少年来说，这些书本为他打开了一个全新的世界，这个世界不再只是家乡那些熟悉的人和事，也不再只是眼前生活着的封闭的学校，它完全超越了他既有的生活经验，指向一个更大的世界和未来。

“如果每个人都可以不再满足于去挑剔别人，而是尽可能活出自己，那么这份勇敢和看见，也会为别人成长路上添些光亮，让人在面对不认同，因处境感到不安时，依然可以珍惜内心的真实，坚持去过自己想要的生活。”

在了解了世界的广阔和生活的多彩的同时，黄志坚也开始明白一些现实的桎梏，前途也许并不如想象中开阔，但他却不想重复寻常的道路。

立志突破

当时学校为初中毕业的孩子开设了职业班，但只设置了按摩这一专业，学制3年，除了继续学习文化课程外，学生最主要的任务是学习按摩技术。以便毕业之后从事盲人按摩，但是，他并不喜欢按摩，他听多了学长学姐们的诉苦：按摩是个力气活，给人按摩推拿，自己也要使劲，而且长期处于局

放飞理想

促的空间内，工作数十个小时，常年累月下来，还会落下伤病。他想要走属于自己的道路。

书本里的那个世界始终强烈地吸引着他，视野的开阔让他知道了生活的万千可能性，在他看来，文字性的工作，如律师、经济分析师、企业管理人员对视力的要求并不高，只要他具备相应的专业能力，是完全能够胜任的。

然而身边的环境一再地提醒他，只有按摩才是他的“正道”。在老师和父母眼里，做一个能够自食其力的“按摩师”已是最好的前途，从未听说过盲人律师、盲人经济分析师和盲人企业家，何况当时他入读的广州盲校也并没有开设普通高中部。无论是现实还是他人的想象，自己和身边的伙伴都被局限在“按摩”这样一个狭窄的通道里。

盲校的学习经历让他认识到了一个更广阔的世界，但却不能带他走进这个世界。然而无论是怎样的穷途末路，也总会有转机的出现，他听老师说起，青岛盲校开设了普通高中部，并且面向全国招生，学校学制、课程设置、使用的教材与普通高中并无多大差异。他开始下定决心要去青岛上学。

初二的暑假，他向父母表达自己想转学的念头，一向开明的父母却没有像往常一样听从他内心的想法，毕竟北方对于从未离开过广东的他们来说，实在只是一个概念上的词，有些太过遥远，他们不敢想象没有了熟悉环境的庇护，眼盲的儿子独自一人要如何应付。虽然平日里一直尊重他的想法，但这一次的远途实在是有太多掌控不了的未知，无论他如何证明自己能够独立，父母也丝毫不为所动。

一天午饭时间，他一声不吭地走进自己的房门，打算以“绝食”的方式向父母表明自己的态度，父母把饭端到房间门口，他都没有理会。父母一气之下也就没有再劝。这样的僵局持续了几天。直到父亲敲响他的房门说：“开学了，你赶紧收拾东西，我送你去广州！”他只好抹着眼泪，极不情愿地收拾行李，以为又是像往常一样踏上前往广州的行程。到了汽车站，父亲叫了一辆的士，说到黄田机场。他才猛地反应过来，父亲是想通了，要送他去青岛上学。

“真实的自己，就是在不同的时刻，我们都能更贴近理解自己内心的状态，所做出的无怨无悔的一种选择。即使你做出的某一个选择，从客观看来是不合理的，或者事后推敲也不是最完美的，但我们深知那一刻做出如此选择的理由，我们永远不会把选择当成过失去责备自己，而是顺着自己所选的路，再找到更宽广的路。”

每个人在做选择时都会根据当下的处境和情形衡量利弊，但最终决定方向的往往是内心真实的想法，才不至于后悔。黄志坚也是如此，一直探索着自己的内心，以及自我和世界的边界与融合。

高中与大学

青岛之行，是他们父子俩第一次离开广东。面对一个截然不同的环境，两人都有些战战兢兢。其实当时父亲的考量是先跟儿子考察一下学校和当地的环境，如果不好待，就带儿子回去。下了飞机，他们四顾茫然，应该怎么坐车呢？他们叫了一辆出租车，当地司机见他们衣着朴素，一口外地方言，直言打车费太贵，干脆指导起他们怎么坐公交车来。在后来的几天里，父子二人也陆续遇见了许多类似的好心人，父亲的疑虑慢慢地打消了，走的时候也放心了许多。

由于在广州盲校生活过，他很快就适应了青岛盲校的生活。他爱出去玩，喜欢走到人群中间，用鼻子、耳朵、脚步去感受人群的气息，外出迷路了总会有人不遗余力地给他指路，有时候不得已需要打车回去，很多司机也都是分文不取。当被问及：“害怕别人这是在可怜你吗？”他淡然地说：“你本身就是不方便啊，这是一个客观情况。有些时候你只能依靠别人的帮助，这个我是看得比较开的。”

在青岛盲校读了 4 年，又是面临未来抉择的时候。此时的他对按摩依然没有任何好感，倒是高中时期阅读的《富爸爸穷爸爸》系列书籍，让他对学习经济管理类专业有了强烈的意向，但由于政策限制，他报考此类专业几乎无望。但当时的他并不沮丧，虽然只能报考按摩推拿专业，但他期待能在综合大学里融入那些健全人中去，去旁听那些他真正感兴趣的课程，学历对他而言并不是最重要的，能够像健全人一样去全面发展自己才是他真正渴望的。带着对未来的期待，黄志坚坐上了前往长春大学参加单独招考的火车。

由于先前的好学练就了活跃的思维，性格也开朗活泼，他顺利通过了考试，成为一名真正的大学生，那个乡间奔跑的失明少年，带着倔强与不服输，终于一步步接近了理想的彼岸。

大学时光

学校当时为视障生安排的宿舍在教学楼后面，中间有一条盲道，在这两点一线间，他的学习和生活并没有什么障碍。唯一让他感到苦恼的是，获取知识信息方面存在困难，学校的教材都是盲文，但并不够精细，除了教材之外，翻译成盲文的书籍也不多，完全无法满足他对知识的渴求。

于是，他以个人的名义与东北师范大学的红烛协会联系，组织师大的学生每周末来给自己学院的学生当助读，特教学院的学生会提前向师大的学生告知他们感兴趣的书目或类别，协会的志愿者们就会利用业余时间为他们录音读书。

久而久之，他聆听了大量的书籍，世界在他眼中变得越发清晰与美好，那些博学后的玄思、孤独中的沉吟，都引发了他的共鸣，他也想成为一个有想法、有主见、有韧劲的人，不再同化为一个被关怀或被忽视的群体，虽然失明已成为烙印在身上的符号，但依旧无法阻挡自己探索的脚步。

“自由从来都是建立在自我独立、自我承担的基础上的，而自我独立的标准就是经济独立，精神独立。”

每个人都是自己身体和精神的主宰，也因身体和精神呈现多种不同的样貌，而黄志坚则希望自己能突破身体的限制，成为一个自律自主、自强自爱的鲜活个体。

初入职场

2009 年，他以优良的成绩从长春大学的特教学院毕业，并且顺利拿到了学士学位，成为盲人群体中为数不多的接受过高等教育的视障者。数年的笃定坚持和不屈成长，终于收获了和“算命师”“按摩师”等就业趋势抗衡的文化资本。他开始思考自己所能够接触和从事的工作，如何跳脱出专业选择时的瓶颈，继续探索自己无限的可能性，成为他选择工作时最大的考量。

求学时，在大多数人只能用纸笔邮票联络情谊的时代，手机的出现让他感受到科技给生活所带来的便捷与改变。为了熟练掌握手机等电子产品，他孜孜不倦地重复练习，牢牢记住不同的操作步骤，对照菜单的不同选项，直到胸有成竹般信手拈来，甚至比有些视健者玩得还要顺溜。当看到他侧耳倾听，飞快动用手指时，人们总会不禁感叹用心钻研的神奇。

正因熟练运用网络，他在 QQ 聊天室里偶然得知，一家刚刚成立的名为北京保益科技公司的企业在发布招聘公告，需要几名针对塞班手机读屏软件的测评员，主要工作内容是提出系统升级后存在哪些不足，同时充当销售及售后的角色，推广产品，接收客户的反馈等。因此，要求应聘者对塞班手机熟悉并对读屏软件有研究，此外还需要较强的表达能力。

自己日常对手机的把玩和积极参与社团活动，正好契合对方的要求。且这样一份工作可以更加深入地了解盲人的需求，在盲人用户和研发团队之间起到沟通桥梁的作用，完全符合自己的职业追求和心理预期。更值得一提的是，可以在家中工作，利用公司提供的客服所用的电话，收集意见后通过电脑进行整理和提交，完全实现了远程办公，不必远赴他乡，也没有职场上的非议和眼光。

当时公司所销售的盲用产品主要有读屏手机、读书机、点钞机、按摩管理系统等等，还有各种带有语音的产品，包括刻录的各种电子书资料和各种教育类型的图书资料。由于自身经常使用这些产品，充分了解其优点及用途，并能够在身份认同的基础上生动地描述产品带来的便利和生活改善，售后的服务广获好评，带来了很大的职场成就感，不再停留在父母眼中的有份工作养活自己就行的层面。

“每个人的人生都会面临无数细枝末节的困境，时间推移，总会到必须要做出选择的时候。那个时候，外界的人给不给建议都好，他依然会做出当下的选择来。”

黑暗的日子外人看起来总是煎熬漫长，但真正身处其中却会逐渐习以为常，黄志坚没有放弃对生命的思索与探寻，希望重见光明的想法也时常萦绕在脑海，一直关注着最新的前沿科技和电子产品。

投入推广

通过残联的推荐与介绍，他了解到一家刚刚成立不久的公司，需要人员去测试一款名为“盲人导视仪”的新产品。仪器看上去是一副眼镜，配置有摄像头，摄像头将拍摄到的画面发送到终端机上，终端机把图片信号转换成电子刺激，通过传导器将微电流作用于舌部，就像是在舌头上画出眼前的场景一样。

经过 3 个多小时的亲身体验，他认定导视仪具备优良的前景和广阔的市场，因为它能给盲人群体带来革命性的变化，那就是能让视障者换一个角度去感受眼前的情景，即通过非视觉渠道“看到”这个五彩缤纷的世界。

于是，他辞掉了原先的工作，来到了新的单位就职，主要从事测试工程师、销售的售前售后等工作，此外还会现身说法地给来访人员解说产品的原理。经过研发部的不断努力，以及他和同事一个多月的不断使用和测试，他们提出了优化建议并对导视仪进行完善。2012 年 3 月，公司第一代盲人导视仪终于正式成型。第一代导视仪的宣传片也如期拍摄完成。产品进入宣发和推广阶段。

首先，公司通过深圳市残联，邀请了一部分生活在深圳的盲人朋友来体验产品，收获了良好的反响。随后在 2012 年 5 月，公司参加了在上海举行的“中国国际养老服务业博览会”，上海电视台就导视仪产品及研发团队做了专门的新闻采访和报道。2012 年 6 月开始，公司在互联网上向全国盲人发布了来深圳体验产品的邀请函，获得了很高的评价和积极的反馈，同时结合在上海以及之前收集来的改进意见，公司研发部对产品做进一步的改善和升级。

功夫不负有心人，在 2012 年 10 月，公司新一代产品终于问世了。正好赶上北京将在 11 月举行“中国国际福祉博览会”的契机，在博览会会场，公司邀请了北京以及周边的盲人朋友过来体验产品。3 天的时间内近 80 名盲人朋友参与了体验，好评连连，中央电视台新闻频道对此也进行了报道。他全程参与，热情地投入，对这样的结果无疑是感到欢欣鼓舞的。

然而，时间跨度到 2013 年 5 月，由于公司最大的投资方资金链出现了问题，导致生产与销售的滞后，公司信誉受到影响，失去了市场的影响力，这个刚成立一年多的小公司就被迫关门了。他对此感到极大的惋惜和不舍。回头再看这段经历，他不由感慨时机的欠缺，如果企业是近两年创立的，可以得到更多的投资，政府也会多加扶持和鼓励，就不至于走向绝路了。

“真正意义上的爱，会让自己和对方都获得成长。它需要我们不断努力，让我们与对方进行部分磨合、包容和改变。因为爱，我们的人格变得更完善，我们的心智变得更成熟，我们更勇于承担责任。我们还会把这份心智上的成熟，也潜移默化地影响对方。”

聊起人生中经历的情感，除了亲人的支持与陪伴，黄志坚也在摸索中找到属于自己的亲密关系，也在波折中磨炼了内心的平静与淡然。

曲折的婚恋

相比于初中时朦胧的情愫，高中时在盲校单纯的爱恋是黄志坚感情的初次启蒙，同为视障的女孩主动表明心意，即使升学导致异地，一周一封信件的联络也坚持了两年，如此爱恋却最终抵不过距离和时间。

大学时期，因为社团活动他认识了自己的助读，一个开朗的东北女孩，因为南北方成长过程中的差异，彼此分享了许多经历，他每天在学校机房室用 QQ 和她聊到宿舍门禁，回去后继续用电话沟通，两个月的坚持，收获了一段美好恋情。感情的浓厚让人陶醉欣喜，女孩会逃掉晚自习陪他一起学习，周末一起外出逛街、“听”盲人电影。

北方严冬的风雪降临，寒假过后，归来的期盼却面临分手的消息。女孩把恋情跟家人提起，激起了强烈的反对，迫于压力只能无奈分开。骤然的抽离给他带来沉重的打击，甚至对自己的眼疾产生前所未有的怨念，低落的心情只能依靠酒和网上阅读进行缓解。时间终究会比万物强悍，慢慢地他走出了内心的桎梏。

走入职场，成家立业，是他和大部分人都经历着的旅程，他也清楚地知道，家里那张悬挂着的全家照，有个人被遮住了脸庞。

谈及短暂的婚姻，他平和又理性。经朋友介绍的视弱女孩，从认识到领证，九个月的磨合与相处，家人和自己都沉浸在喜悦中。年末的时候，妻子提出去北京协助好友，一星期之后，突然收到离婚的请求，一切都毫无征兆地发生，他极力挽留，但对方不再沟通，也没有现身，全程委托律师通过法律途径处理。虽然自身阅读了很多心理学的书籍，但至今他都不明白个中缘由。

2017 年，他认识了现在的女友，互相理解与包容，右眼视弱的她成了他最亲密的向导，他会把手搭在她的肩上，心无旁骛地听她说话，一起体验很多不同的路途与风景。

“人生不过是一场修行，功名利禄、爱恨情仇虽然都是浮云，但你只有经历了、理解了、放下了，才能离苦得乐，获得来自灵魂深处的安宁。”

在心心念念的科技领域从事的工作两度易辙，加上情感的骤变使黄志坚度过了一段低潮时期，情绪上的负累让他有些许怀疑自己是否真的脱离实际，是不是真如他人所说的“好高骛远”。

推拿与创业

路过了迷途与风景，历经了波折与坎坷，当你驻足回顾，你会发现有人一直在原点，守望你前进的方向。

父母和亲友的支持，给了他找回生活轨道的勇气，他将自己放空了一段时间，回想成长路途中，不断地离开家乡，去追求远方的未来希冀；成年之后，现实的不断冲撞，懂得了温情的陪伴才是苦涩生活的良药。在坚持跑步和读书的过程中，他对于自己的身体和情绪了解了更多，也更加关注与他人的交流和互动，尤其是体会了父母对游子的挂牵，他开始反思自己对推拿、按摩的抵触情绪是否失之偏颇，可能也隐约掺杂着一种对自身的否定和逃避。没有体会过就将道路断绝，跟他人对视障的设限又有什么区别呢？如果尝试着走一走，或许也会遇到不一样的风景吧。

2013 年年底，他考取了国家级的“保健按摩高级技师”证书，经过残联的引荐和支持，开始就职于现如今的工作单位——“沙井职业康复中心”。工作地点离家比较近，与父母同住让他们少了很多担忧，一周三天的上班时间，工作强度也不高，只须完成既定的指标即可，有充足的自由时间可以支配。他和女友参与到具有助残性质的公众号的运营当中，组织视障者参与半程马拉松等活动，充实的生活，让他忘却了许多原先的烦恼。

2017 年 6 月，通过参加残联开办的一些培训课程，黄志坚遇到几个志同道合的朋友，私下的接触很是融洽，喝着酒分享彼此的经历和故事，也一起探讨了因为视障在求职路上遭遇的不公，不知不觉起了一起创业的念头。

开店遇到最大的困难就是寻找店面，价格合适的地方不合适，地方合适的价格不合适，这大概也是开实体店普遍面临的问题。经过一番商议，2017 年 9 月末，在西乡海城新村，他和两个同为视障者的朋友一起开了家名叫“固元堂”的小店，一个师傅做推拿按摩，一个师傅专门做治疗，自己便干起了老本行——“产品研发和推广”，不过这一次不再是围绕科技电子产品，服务对象也从视障者转变为视健者。得益于专业知识积累和广泛的阅读，他研发了很多独具特色的产品，赢得了不错的口碑。

目前小店的经营状况正处于发展初期，定价较为实惠，但客流量一般。最主要的瓶颈就是推广不够。基于租金的成本考量，店面周边交通不够便利，宣传只能靠发传单的方式，虽然美团和微信公众号有接触过，但推广的费用过高，且不知道效果如何。只好通过优质的服务和新型的产品进行客户的累积，希望再借由他们进行口碑的宣传，未来的路还有许多的不确定，但脚踏实地地摸索是他和伙伴们正在做的。

当问及开店的初衷时，黄志坚说他的梦想是开更多的分店，改变推拿按摩行业的传统业态，为更多视障者提供更好的就业环境，也构建和视健者友好接触和沟通交流的平台。从他略带笑意的认真表情可以看出，他应该坚信着迟早会有实现的那天。所谓“自助者，天恒助之”，在黑暗中找到自身安身立命之道，并希望能正面地影响身边人的他，想必也会收获来自他人的星星之火，点亮内心的温暖与光明。

反思笔记

感谢周林刚教授，游伟荪、黄裔博士，写作组其他伙伴为本次撰写工作提供了关键性的助益。以下是访谈及写作过程中的零散记录与浅显反思，些许拙见，以供抛砖引玉。

一、我眼中的黄兄

初次约谈黄兄时，在简单表明来意后提出见面约谈的请求，黄兄欣然接受，并主动提议来深大坐坐，那种从容的无畏，瞬间打破了我对残障人士大多拘谨离群的片面看法。添加微信后，用语音沟通也十分流畅。曾看过一篇关于微信头像的文章，选择生活照的人，对自己的接纳度比较高，为人较为坦荡，积极乐观。而黄兄的头像是一张眯眼微笑，抿着吸管，用玻璃杯喝水的照片，背后是街道的绿植，没有人来人往，阳光照在右肩上，格外明亮、自然。

经过几次的约谈之后，我感受到黄兄的乐观与随和，看待问题条理清晰，语言表达诙谐幽默，相处起来让人感觉轻松自在。虽然黄兄的性格温文尔雅，平易近人，但内心也有着自己的主见和个性，任谁也想象不到，他额头利落的短发后面，还留着披肩的长发。问及原因，他笑着说，想让自己在人群中更耀眼一点。

二、残障者的家庭支持

从黄兄的故事可以看出，他从家庭中得到的支持是很多的。首先是父母放任他与其他小伙伴自由成长，使他能够在与他人的互动中了解自己。与此同时，伙伴、同学等初级群体对他的认同与陪伴，削减了其对自我的负面认知。其次是母亲与轻视残障的人之间的对立，让他收获了倔强捍卫自身的态度。最后是爷爷让他接受教育的坚持，父母以及整个家庭在他接受更高层次教育过程中的付出与支持，即使过程中面临着许多困难险阻，依然尊重其向上流动的意愿和想法，使他能够在最大程度上自由选择方向与道路。

由此可见，家庭的支持不仅是庇佑个体不受他人欺凌，更为重要的是注重个体的发展，以追求人格、智慧等多方面的进步，才能成为残障者构建生活的重要支柱。

三、残障者的社会支持

通过黄兄的经历可以看出，残联在其接受教育的过程中提供了经济上的支持，而在求职阶段，则为其引荐以实现人力资本的连接，包括提供职康的岗位、创业的扶持，等等，都使其能够更稳妥地追求自身的成长。由此可见，残联等助残组织其实可以贯彻对残障者“赋能”的理念，不仅仅是提供资金的补贴、就业技能的培训，更需要为其创造更好的就职、创业条件，以实现个体的成长与自立。

四、残障者的教育模式

黄兄的童年阶段是在一个融合的环境里成长的。“眼盲”带来的障碍并不明显。去到盲校后，一方面，他从一个融合的环境到了一个相对隔离的环境，也在一定程度上靠近了“盲人按摩”这个轨道；另一方面，如果不去盲校，就没有机会通过盲文阅读，开阔人生的视野。

因此，值得讨论的是，残障人士在接受教育时，区隔式的“盲校”“特殊教育学校”，虽然能够提供更为便捷、统一的教学模式，但对促进残障者社会融合的助益并不多。而“全纳教育”理念的推广，不仅需要社会观念的文化环境，更需要充足的资金保障。

五、残障者的职业瓶颈

黄兄的心思较为活络，读书时会想到要学更多的东西，要选对自己帮助更大的学校，工作时也没有在找到第一份工作之后就安稳下来，一直有新的追求。在他的主观意愿上，盲这件事从来都没有成为他自我追求路上的阻碍，但现实中的瓶颈往往是相对客观的存在，企业对残障员工接受度的提高、“无纸化办公”趋势的实现都是需要加快脚步进行的。

从相对宏观的角度来看，黄兄的职场追求，其实是在与主流社会对盲人的刻板印象（“闭塞”“拘谨”）和社会结构为盲人设置的天花板（“盲人按摩”）相抗衡。就前者而言，显然他成功了，颠覆了他人眼中盲人的固有形象，也通过自身力量影响了更多的视障者。而对于后者，虽然他最后回归了按摩行业，但不代表他之前的尝试失去了意义。因为这是他在历经波折后做出的自我抉择，而不是一种迫于现实压力的被动接受。

值得反思的是，盲人按摩成为视障者技能学习的主要渠道以及多数视障者的一种职业倾向，究竟是如何形成的。是盲人学习不了其他技能，无法获取其他领域更好的工作，还是按摩本身比其他职业更适合视障者？

其实不然，盲人学习按摩是特殊历史背景下的一项教育政策，民国时期的盲校以文化教育为主，也会开设一些音乐、编织等课程。中华人民共和国成立以后，从战场退役的伤残兵成为盲校的主要生源，学校针对他们开设了一些技能性培训课程。在教学过程中，发现这些伤残老兵对按摩的学习接受程度更高，后来盲校就逐渐转为以按摩为主的技能培训了，后来就被一直沿用下来。而选择按摩作为职业的倾向也大致如此，因为只学习了按摩，从事按摩更为拿手，所以被动选择按摩。

因此，只有在技能学习阶段进行不同领域的探索，就业的选择才会随之丰富，视障者才能走向更为广泛的职场自由。

阿 bu：身体是我终生的战场

游伟荪[1]

一

眼前的男子阿 bu，一米七五左右，在南方中年男子中算是出众了，精壮的身板，一看就是常年运动的效果。黑色高领紧身 T 恤，两手率性地插在裤兜里，平顶帽后面扎着一根五厘米长的小辫，黑框眼镜下也看不出任何异样，方腮，小络腮胡，鬓角长至耳垂，细看还有两个耳钉。我脑海里闪现一位中年摇滚明星，“你好像汪峰啊”。“我应该比他还大几岁吧。”他应道，嘴角上扬，一脸骄傲的微笑，“哎，不过我问问你，汪峰现在是什么样子？我有好多年没有见过他了。”

3 月的时候，阿 bu 和他的合伙人阿黄在深圳市宝安区的一座城中村开了这家盲人按摩店。按摩店 40 来平方米，用屏风隔着，外面是客人排队闲聊的地方，里边是盲人按摩师的工作区域，摆着三张按摩床。平时店里就他俩。阿黄的女朋友小雨偶尔也来店里帮帮忙。阿黄两三岁时因为意外事故而失明，眼前的世界一片漆黑。阿 bu 视力稍好，虽然左眼全盲，但在光线强烈、角度正好的时候右眼能看到一个轮廓。

客人躺在按摩床上，阿 bu 把一个小推车推到床边，推车上面十多个玻璃

① 游伟荪，女，中山大学社会学博士，深圳大学残障与公益研究院博士后。

罐、酒精灯、镊子和按摩油。他的动作并不像那些自幼学习按摩的老师傅熟练，找工具时他的双手在推车里翻寻，不小心“砰”的一声一个拔火罐掉在地上。我本能地起身过去帮忙。他镇定地说：“你小心割到自己的手，这些我们来弄。”小雨过来帮忙把玻璃碎屑扫到垃圾桶。阿 bu 接着抹油、点火、拔罐，虽偶有差池，但一切从容不迫。

二

阿 bu 是中年才失明的。在他的青年时代，改革开放的春风从广东吹起。老家开平是历史上有名的侨乡，借着这股春风，当地许多年轻人凭借海外关系移民，另外的年轻人多会选择到 200 公里开外的深圳闯荡。1986 年高中毕业后，当时的女友邀阿 bu 移民去美国。阿 bu 不想出国刷盘子，他躲避女友。不久，女友去了美国，他来了深圳。

20 世纪 80 年代电视机才刚刚在大陆流行，阿 bu 最早是给一家闭路电视工程安装的外包公司做工程。为了拿到项目承包的资格，阿 bu 考了闭路电视工程施工证，据说当年全城只有五个人有施工证书，找工作很吃香。公司当时每月给他发 3000 块，加上年底提成，年收入 5 万块钱不在话下，是不折不扣的高薪阶层。但阿 bu 并不满足，没过多久，阿 bu 就出来单干，但毕竟是经验不足，阿 bu 很快就赔光了自己前两年的积蓄，亲戚也为此遭了连累。

觉得自己没脸见人，阿 bu 决意离开闭路安装行业。当时深圳遍地都是机会，工作并不难找，只要肯努力，很快就会东山再起。他先是跟着亲戚的装修队做工人，通过朋友介绍应聘了一家制版公司去当学徒，并很快开了自己的制版公司。刚开始，公司经营得很顺利，公司业务很快就发展到了广东以外地区。后来，公司和一位老客户签了一笔 80 万元的大单，但是客户迟迟没有取货，也没来打款，去成都索债时发现客户跑路了。那单生意阿 bu 亏了 60 多万元，公司也因此倒闭。

当年阿 bu 起得快落得也快。但他闯劲一直很足，生意做不下去了就去打工，打工有点积蓄了就去创业。他的身份一直在打工仔和小老板之间变换，这在当年的深圳很是平常。当年的移民很少安于打一辈子的工，刚繁荣起来的市场经济给人们提供了改变命运的机会。如今习惯了黑暗的阿 bu 用“五彩缤纷”来形容当时的岁月。“如果当年一直在做，可能很好，也可能已经欠了一屁股债，比现在还惨。”阿 bu 说。

1999 年，阿 bu 和两个朋友合伙创业，当时他其实连吃饭的钱都没有。他借了几十万元，购买了一批二手印刷设备，几个人很快把公司张罗起来了。头几个月他们一直是借钱交租，到了 2000 年左右，生意突然迎来了井喷式发展，当时租了一个五六百平方米的场地放机器，一年大半时间是在全国各地出差。没过多久阿 bu 便累积了丰厚的身家。

“我那时做事是非常成功，可以说在全国是做得最好的。做二手设备敢保修的，没人敢做就我敢。不开玩笑，我们的设备最便宜的也有几十万元。比如，一个新设备进来，我们没掌握技术的，就会请国外的工程师进来。你知道请一个国外的工程师一天要多少钱吗？那时候从香港进来，他们一小时 800 块钱，一天 6000 多块钱，那是个天文数字啊。那时候没人敢做维修，因为动不动就是几万块钱。”

那时他已经娶妻生子，家庭生活美满，事业也很成功。阿 bu 说，那是他人生最闪亮的日子。

三

在拼命折腾的时候，身体就已经在向他发出通牒书，不过那时他并没有留意。偶尔，眼睛会感到畏光、疼痛，眼前会突现黑点，后来又经常关节疼痛。再到后来，视线越来越模糊，口腔、关节、肌肉和身体的其他部位也陆续出现各种不适。阿 bu 去了眼科、口腔科、风湿科，那时医生和阿 bu 都以为只是单纯的眼部发炎和关节疼痛，每次也只是开点消炎药和止痛药，但病情一直在不断加重。直到 2003 年，阿 bu 去了广州才被确诊为白塞氏综合征。

白塞氏综合征是一种全身性的血管炎症，属于免疫系统疾病。这种疾病会累及全身器官，侵害到口腔、关节、眼睛、肠胃和神经等多个部位。阿 bu 这才明白自己的身体各个器官为什么会接二连三出状况，原来是由于免疫系统疾病产生的并发症。白塞氏综合征属于罕见病，即便中国属高发地区，发病率也只有 0. 135‰—0. 2‰。普通人对这种病知之甚少，医生也很难把一些常见的症状同白塞氏综合征联系起来。阿 bu 是在并发症的第八九个年头才被完全确诊，已经错过了它的最佳治疗期。而当时，双眼的视神经细胞已经严重萎缩，视力在急剧衰减。

医生告诉了他白塞氏症的可能走向：全身性的血管炎症会带来脸部暗疮、视力下降、肌肉和关节疼痛，接着有可能发展成失明、脑萎缩，最后是死亡。

已经病痛多时的阿 bu 知道自己的未来并不乐观，但他没有时间来害怕，当时唯一的想法是努力赚钱积极治疗。

自从生了儿子南南后，妻子美心一直在家做全职太太，阿 bu 希望自己未来还有能力扛起一家的生活。考虑到将来眼睛失明，自己根本无法外出跑业务，他决定和朋友合作经营实业，期望即便到时自己无法亲自参与管理，仅凭工厂盈利分红也能养活家人。他把手头的二手印刷设备销售的生意转出去，和朋友在八卦岭工业区开了一家印刷厂。但没过多久，公司便经营不善难以为继，股东之间也因欠款起了纠纷，工厂最后又以倒闭告终。

阿 bu 借来投资的钱打了水漂，他的身体状况也急速恶化。

四

2003 年被确诊为白塞氏综合征之后，阿 bu 听从医嘱，每个月去广州的医院做两三次检查，开点药回来。当时治疗白塞氏综合征的绝大多数药物都没有纳入医保，进口的生物制剂完全需要自费，每个月药费都要两三万元。当时阿 bu 做二手设备生意正风生水起，手头不差钱，药费并不是负担。但过了几年，阿 bu 的身体没有任何改善，反倒是视力越来越差，肌肉关节越来越痛，疼痛间隔也越来越短。而那段时间，阿 bu 的生意也陷入窘境：和朋友合开的印刷厂倒闭，几个合伙人不欢而散，自己欠了一屁股债；好不容易打起精神投资了新能源汽车项目，又被合伙人骗个精光。过去妻子美心一直在家照顾家庭，阿 bu 是家里唯一的经济支柱。如今阿 bu 生意接连惨败，视力又下降得厉害，也没有老板敢用他。一时之间，家里捉襟见肘。反正连进口药也不管用，阿 bu 就每个月自己去医院开些医保能报销的强的松回来，几块钱就是一大瓶上百粒。

强的松，是一种肾上腺皮质激素及促肾上腺皮质激素药，主要用于治疗各种急性严重细菌感染，严重过敏性疾病等。白塞氏综合征患者由于自身免疫部分丧失，身体各个器官会有严重的并发症，通过外用激素能够让身体的组织和器官不会发炎。但长期服用激素会让身体器官功能衰退。阿 bu 说，如今自己五脏六腑的功能水平和 70 岁的老人相当。除此，服用激素会导致体内的脂肪分布异常，身体会在短时间内迅速膨胀。阿 bu 说那种速度“就像气球一样膨胀起来。脸会‘砰’的一声变成了平的，鼻子也看不见了”。他的体重由原本的 120 多斤在几个月内骤升到 170 多斤。

强的松的副作用掏空了阿 bu 的身体，身体的代谢功能停滞，没有丁点力气，就连上厕所也感到困难。美心后来去了佛山，小孩白天要去上学，他一人坐在窗台边的沙发上。疾病的影响和药物的副作用让他每天昏昏欲睡，无法思考。坐下来不到几分钟就开始打瞌睡。这一坐就是两年，平时常坐的位置如今是一个浅浅的坑。

不仅如此，身体的疼痛也在强烈折磨着他，让他几乎痛不欲生。下肢有几处肌肉和骨头之间的肌膜经常发炎，肌肉会无端红肿，肌膜处“砰砰砰”地像体内在发射连续不断的脉冲信号，又像一把刀子在一点点地剜着自己的肉。疼痛让他无法站立，晚上整宿都没法入眠。每次疼痛会持续 10 多天，后来间隔时间越来越短。再到后来常常一个部位痛感还没消失，另外的部位就会开始发作。阿 bu 记得最长的一次他连续痛了三四个月，强烈的痛感没有一秒离开过他。疼痛消耗了身体所有的热量，哪怕是大热天，他都不得不盖上厚厚的棉被。止痛药对他无济于事，唯一稍有缓解的办法就是拿冰来敷疼痛部位。常常，阿 bu 觉得自己会这样痛死过去。

为了对抗疼痛，阿 bu 也会毫不留情地对待自己的身体。白塞氏综合征的另外一个病症是皮肤病变。当时阿 bu 脸上长了好几个痤疮，痤疮根部长到了皮腺下面，痛得他死去活来。但去医院切除痤疮每个要三四百块钱，阿 bu 当时没有钱，他便自己解决。他在店里买了几颗大针头，酒精消毒后，就用针头去捅痤疮。捅了一个窟窿后，接着用更大点的针头在蜂窝状的脓包里搅动，好让里边的毒脓流出来。阿 bu说当时自己痛得都要撞墙了。

阿 bu 说，在那三年里他的人生就只有四个字：“黑暗”和“疼痛”。

五

投资被骗的经历让他开始从根本上怀疑人性，他不能理解，合伙人是自己的朋友，明明知道他的身体状况，可是居然还会来骗他。这一次投资失利后，当年的生意伙伴知道他很难有翻身的机会，一个个对他避之不及。阿 bu 对外人失去了信任，他把自己封闭了起来。他很少出门，断绝和老朋友的联络，也很少问候老家的亲人。

那时候，在身体疼痛减弱而大脑又还算清醒的时候，阿 bu 只会想一件事情，就是离婚，让美心带着小孩离开。“离开是很正常的事情，不要跟着我受累。(因为) 生活真的没办法继续，我那时候真的是一个累赘，一个无底洞。”

阿 bu 想，离了婚自己还能吃低保，每个月也有几百块钱，总不至于饿死，老婆还能带着小孩去奔更好的前程。他很认真地对美心说："不离婚还影响我吃低保呢。"

可是真的离不开。他们能走在一起也并不容易，他和美心年轻时是靓仔靓女，身边都有不少的追求者，美心当时在广州，他在深圳，可两人偏偏硬是拍拖了 6 年最后走在了一起。美心生儿子难产，在产房叫了一天一夜，最后医生抱着小孩出来，他没一点兴奋，只是心疼美心。他在清醒的时候和美心认真讨论离婚，美心对他说："老公，这不是说离开就可以离开的，我们还是要努力地把日子过好。"

没过多久，为了补贴家用，美心去了佛山，在她弟弟的木材加工厂里帮忙，留下阿 bu 和还在读初中的南南在深圳。美心知道阿 bu 自尊心强，从未和家人提起过他的病情。美心弟弟只是对姐姐突然出来打工感到不对劲，并没有多问。刚开始美心每个月的工资是 3000 块，她自己不留一分钱，每月按时把 3000 块钱寄到深圳家里。阿 bu 说，"终于知道'不离不弃'这几个字是怎么写的。"

美心的付出让他不忍放弃，但是往前看，生活依然是看不到头的黑暗。

美心当时在佛山工作，阿 bu 带着南南在家。一次南南想吃饺子，经济不好，就自己买肉来包。阿 bu 看不见，剁饺子馅儿的时候把手给剁伤了，但那时候吃了激素，对痛感已经迟钝，痛着痛着都不知道是哪痛了。阿 bu 把包好

年轻时的阿 bu 和美心（图片由阿 bu 提供）

的饺子放在冰箱里，南南放学回来后便煮给他吃。南南吃的时候忽然停了，对爸爸说饺子是红色的。阿 bu 不相信。他就拿起阿 bu 的手，一边哭，一边说："老爸，真的有一些红色的。"

阿 bu 突然意识到，自己在儿子面前原来是一个很悲情的父亲。他突然心疼起南南：南南在他有钱的时候出生，小时候生活富足。但后来家庭经济一落千丈，南南在各方面消费都比不上自己身边的同龄人，如今母亲又不在身边，回到家还得面对一个这样病弱的父亲。阿 bu 突然被惊醒，他意识到如今很多东西自己都给不了他，但是他必须打起精神让儿子知道他并没有颓废。

"你希望他茁壮成长，就要给他一些正面的东西吧。其实他也受过困惑，很大的困惑，不知道爸爸接下来怎么办。（这件事情）对他的冲击也很大，那时候我改变的动力来自于哪里，可能就是我应该给他留下一个怎样的父亲形象。我不可能给他的是这样的效果，非常不甘心是这样的效果。我自己也不甘心这样下去，如果我再那样，我对他们，对整个家庭，真的就只是一个包袱。我自己都烦这个状态。"那时候的阿 bu 是一个体重 180 斤的胖子，往沙发上一坐，肚子上都能稳稳地放住一个水杯。

身体的疼痛只要稍加缓解，阿 bu 便像是一个溜号的犯人，他努力扮演好父亲的角色。一次阿 bu 发现南南在学着他抽烟，阿 bu 收拾起自己的愤怒和自责，他对南南说："爸爸陪你一起戒好不好？"后来父子俩就一起把烟给戒了。

阿 bu 说："默默做吧，说再多没用，最起码把自己做一个样子吧。"

六

他被囚禁在身体这座牢笼里，病痛是唯一的光顾者，但他知道只要美心和孩子还在，自己就死不了。对阿 bu 而言，虽然如今自己无法去获得世俗意义上的成功。但是在意识深处，他知道即便只是疼痛地活着，也依然有不同的活法：一种是等死，自己不费力气地等着病痛消耗自己体内的最后一点能量；另一种是每天去迎接这种疼痛，直到最后被疼痛打败。

阿 bu 的性格让他毫无疑问会选择第二种。他从小就是一个不服输的人：高中时家里负担大，他就一边上学一边给老家有钱的侨眷卖香烟赚差价，最后不仅攒足了学费，还能给妈妈家用；为了能够拿到高收益的闭路电视安装工程项目，他在几个月内突击了比高考还难的证书；每次创业被打趴下来，他根本不会在原地停留，而是马不停蹄去筹划下一个创业项目……

这种巨大的精神能量需要体力作为支持。但在病痛和长期激素的影响下，阿 bu的身体就像是一台报废的汽车，就连启动也困难，遑论行驶。

医生和理疗师建议阿 bu 平时适当保持运动，因为运动能够帮助身体恢复新陈代谢的功能，减少药物对身体带来的伤害。在身体发胀期间，阿 bu 其实一直尝试着做些运动。但那个时候身体实在是太虚弱，即便是做几个俯卧撑，身体也要痛上十天八天。

美心一个月寄回家的几千块钱仅仅能保证家人的温饱，阿 bu 知道如果想让身体得到治疗和康复需要金钱上的持续投入。吃了太多闭门羹之后，阿 bu 已经不愿意再向别人求助。他也不想让老家亲人担忧。父母和兄姐也是前几年才得知他患病的消息。

但生活突然出现了转机：一位后来移民美国的老友听说了他的身体状况，从大洋彼岸打电话想要主动向他提供帮助，说给他寄些补品回来。阿 bu 没有拒绝。在两年的时间里，老友每月从美国给阿 bu 寄来酵素，从未间断。直到后来经济出了问题，阿 bu 坚决拒绝，他才停止寄送。这些营养品改善了阿 bu 的身体机能，整个身体的代谢功能开始逐渐恢复，身体也慢慢有了力气。

“感觉到自己的生活中一直是大家在不停帮你，好像所有的东西都是大家的，然后对自己的身体也多了一份使命感。”

七

渐渐地，阿 bu 身体有了点力气，他开始锻炼。刚开始跑步的时候，他眼睛看不到，就在阳台上用手扶着栏杆在原地跑。俯卧撑、仰卧起坐从一个两个开始，循序渐进。那时候，即便运动量很少，身体也要疼上半个月。每次运动前，阿 bu 必须服用大量的止痛药，不然便难以坚持。但阿 bu 内心充满了喜悦，每完成一个动作，他都感到自己对身体多了一点掌控力，这是他之前不敢奢望的。经济条件不允许阿 bu 去健身房接受体能老师的专业指导，阿 bu 就在家自己摸索，一块瑜伽垫是他唯一的健身器材。后来“神经兵团”志愿者开始指导阿 bu 做专业体能训练，他的训练计划才更加科学系统：他通常每天选三个部位（比如胸肌、腹肌、臀肌）进行针对性的训练。为了保护受到疾病影响的肌肉组织，阿 bu 每做完一组运动就要休息半个钟头。因此普通人完成三组运动只需要一个半钟头，阿 bu 则要两个半钟头；如果一个部位超强锻炼，阿 bu 须等到两天后才能重新进行针对性锻炼；身体危险期间，阿 bu 也不得不中止。

室内的体能恢复还不够，阿 bu 尝试着出去跑步。阿 bu 家背靠鸡公山，当时还是泥土路。美心在佛山工作无法贴身照顾自己，阿 bu 每天下午自己一个人拿着棍子“咚咚咚”走到开阔一点的半山腰，接着就开始跑。天气好的时候，阿 bu 还能模模糊糊看到方向。但光线稍稍变弱，阿 bu 眼前便是一片漆黑。路是盘山公路，阿 bu 经常跑着跑着就会偏离主道，甚至突然踩空从山坡滑落下来，阿 bu 有过四五次掉下山的经历。我问阿 bu 怕不怕，阿 bu 说：“反正都离不开一个死字，没所谓的。”一次阿 bu 一脚踩空，最后掉到了山下的湖里，整个人当时都几乎晕死过去，湖水有三四米深，阿 bu 勉强着从湖水里挣扎出来。阿 bu 说自己运气很好，现在还没死。

阿 bu 依然必须大量服用激素，不然无法抑制身体的发炎，也会完全失去自己的最后一点视力。但激素产生的大量有毒物质现在能够通过运动排泄出去，它对身体的损伤也会减轻。每次做完运动后，阿 bu 的的眼睛会被熏得睁不开，衣服也是一股化肥尿素的味道。

运动在一点一点地改善身体的代谢功能，身体开始没那么沉重了，接着

阿 bu 参加 2017 年广州马拉松赛，前面右二为阿 bu（图片由阿 bu 提供）

又能做更多的运动，身体形成了一个良性循环。那几年阿 bu 疯狂地跑步，做体能训练。激素在他身上的反应一点点消失，后来身体的水肿也不见了。如今的阿 bu 身材精壮，看上去比他实际年龄还要小好几岁。

后来阿 bu 参加了盲人 U 跑团，这是一个由视障者马景阳发起的活动。这个活动以盲人和专业志愿者为主体。四位志愿者和一位盲人组成一支队伍，通过引跑绳引导盲人跑步。这个活动旨在让盲人通过运动感受到自身的价值，推进盲人和社会的融合。5 年前，阿 bu 开始和 U 跑团参加深圳马拉松，第一年他跑了 6 公里；2016 年他跑了半程马拉松 21.0975 公里。阿 bu 越来越热爱跑步。奔跑的时候，他可以控制自己的姿势、力量、速度，他能感到风在滑过自己的皮肤，能嗅到风里四季的味道，能听到他经过的人们的日常对话。此刻，身体的每一个细胞都在焕发着生命力，他无比确信自己真的活着，而不再只是被病痛控制的一个只有痛感的躯体。

目前，阿 bu 的最大目标是挑战全马。为此，阿 bu 制订了系统的跑步计划。一年内，他的速度从每公里八分半钟提升到了每公里六分钟。阿 bu 说，他喜欢这种自我挑战的感觉，虽然自己在做一些事情会受到限制，但挑战本身让他觉得自己和健全人是平等的。

八

阿 bu 左眼已经完全失明，只有右眼还有残存的一点点光感。他喜欢戴上一顶黑色的平顶帽，这可以作为他的探测仪——免得不小心头先被撞上了。盲杖变成了他的眼睛，出远门的时候阿 bu 便会带上它。在家附近活动倒不需要，但阿 bu 的视距很小，只能一步步往前摸索，走路会比正常人慢很多。比盲杖更不可少的是装有导航软件的智能手机，只要在输入框中语音输入要去的地方，手机便会立刻给出解决方案。作为一位视障者，在过去的十年里，阿 bu 亲身体验了移动互联网技术的每一次进步对自己生活体验的改善。阿 bu 说，他对无障碍信息技术进步的期待甚至超过医疗技术。

但导航软件并不精准，无法帮助他去识别一些细小的障碍物。进入一个稍微陌生点的世界，一切对他而言便是险象环生的原始丛林，每踏出去一步，都面临着挑战和冒险。一个人外出，走着走着便会踩空台阶，或是撞上电杆、人行道上的隔离石墩或者是往下垂的树枝，有时还会撞到人。向别人问路，别人见他没有盲态以为他成心找事，骂他是神经病。刚开始，阿 bu 对环境很没有安全感，生意被骗、借钱被拒的经历更加重了他的不安。那时候，他怀疑一切不确定的东西，对人群没有信任，他很少主动找人帮忙，整个人也焦虑不安。

因为健身和跑步的缘故，他加入了神经兵团，在这里他又结识了很多热爱运动的志愿者。阿 bu 说这些人改变了他之前奉行的价值观。那时候，神经兵团的志愿者会经常来家里指导阿 bu 健身。他们还会陪他去医院体检，陪他去商场购物。阿 bu 起先担心自己会麻烦别人，也担心一些人的道德优越感会让他感到难堪。但后来相处久了，他发现这些志愿者帮助他们的姿态很平等。他和这些八零后青年一起健身、散步、交流，发现这些年轻人见识宽广、有趣有爱，这并不同于他做生意时接触过的那些笃信金钱的人。

和神经兵团的志愿者的相处一定程度上让他恢复了对人的信任。更重要的是，他逐渐接受了自己失去视力的事实。他告诉自己，如果不想永远活在怀疑的情绪中，那他就一定要去信任别人。阿 bu 尝试走出家门，他努力打消疑虑，主动向别人寻求帮助，也会说服自己去接受别人的好意。阿 bu 说："我不希望你来同情我，但就像我劝一些人一样，我也非常愿意接受你的帮助。因为你如果不接受，没有这个勇气的话，你也没有勇气去接受别人。"

在视力一点点衰退之时，阿 bu 就已经在为失明后的生活做准备。

神经兵团志愿者和视障人士在一起（图片转自网络）

从阿 bu 意识到自己会彻底失明时，他就开始留意身边的盲人：一些视障者因为身患眼疾不可避免会有一些生理印记。另外，长期在黑暗中生活，盲人很难时刻去关注自己的外形。因此，一些视障者会出现驼背、头往上摇、眼睛上翻，嘴巴微开等盲态，穿着打扮也很随意。许多健全人会觉得这样并不雅观，甚至会表现出明显的厌恶。阿 bu 在生病前就一直关注自己的形象，希望自己在失明后能有个体面的形象。知道自己将来不可避免会走向失明，便有意识经常转动眼球，希望在失明后眼睛依然有神；在别人和他说话的时候，他会根据声音的方向去调整自己的眼球方向；为了遮住脖子的一处手术伤口，他常年穿高领的紧身运动 T 恤。在视力变差之后，阿 bu 不得不接受别人的帮助，但他会细心把握人际交往的分寸。和朋友们聚餐，他担心别人忙着照顾他影响到自己吃饭，便会控制自己的胃口；他还会记住桌上哪些菜是受欢迎的，以免自己吃得太多影响了别人。上完厕所，他一定会先把手洗干净、用纸巾擦干后才找人帮忙领路，也一定会准确地把手放在别人的肘关节上。他曾经做了太多年的健全人，习惯了以一个健全人的思维去看待视障者，他常常感到自己和这些视障者格格不入，认为他们并不能把握好与人交往的分寸，之前甚至还会苦口婆心给他们提建议。但他在健全人之间也并不完全自在，总是担心自己会麻烦别人、担心别人会对自己有异样的眼光，又觉得自己还是更能够融入盲人群体中。他感到自己游离在二者间，常常找不到自己的位置。

九

体力刚恢复，阿 bu 便考虑工作。在国内，歧视性的教育和就业政策让视障者限制在单一的人生通道里，被认为适合他们从事的行业除了算命便是按摩。阿 bu 其实对按摩内心有抵触。早前他曾特意考察了罗湖的几家盲人按摩店，这些按摩店普遍光线不好、不通风、不透气。不上钟的时候，按摩师们就几个人挤在一个封闭的小休息室里聊天。屋里堆满了杂物，男人们就在那抽烟，空气浑浊不堪。视障者外出不便，工作完就会回到自己住所休息，每天两点一线，生活没有一点娱乐。按摩是个体力活，按摩师们每天弯着身子工作 10 多个钟头，长久下去会损耗身体，眼疾也会随之加重，一些视力微弱的按摩师甚至会因此失去最后一点视力。阿 bu 心疼他们，觉得他们是在以命换钱。他自己并不愿意如此，他费了多大的力气才从身体这座监牢里破了一扇窗，无论如何他再也不想回去。阿 bu 不想走这些盲人按摩师的老路，但又知道自己离不开这个行业。他考虑在传统的按摩中增加一些技术性的内容，这样既能够增加收入，也能够减少体力消耗。但掌握这些技术对他并非一件容易的事情：激素的过量服用导致他记忆力衰退，他不得不重复去听每一个知识点；看不到解剖图，他需要自己去回忆去感受人体的每一个部位。他期待新的科技手段能帮助提高他的学习能力。

过去 10 多年，身体一直是阿 bu 生活的主战场，他一直为了“活”而活着，总是刚刚克服了一种并发症带来的身体不便，又不得不去应付另一种。他不知道下一种并发症什么时候到来，会出现什么状况，自己是否承受得住。他其实好累，不知道这一切什么时候会是个头，想到这些也会害怕。但他也知道，当他真正被逼上绝路，他就会本能地去寻找出路，到时一切不会像想象中那么难。现在，他只希望失明能晚点到来，在此之前他要加紧锻炼把身体的底子打好。“等到我真的完全看不见的时候，我希望自己还能活得像个人。”

反思笔记

和阿 bu 一共见了四次，聊了九到十个钟头，平时也经常通过微信联系。阿 bu 在失明前干过多年的销售，表达能力强。他待人真诚、做事认真，我给他发了文稿后，他约我面聊，他看不清文稿，不巧那天的手机读屏功能也坏了，我一句一句念给他听，他对每一个细节都不放过。我为耽误了他太多时间感到抱歉，他说在接受了太多人的帮助后，他很开心自己也能为这个社会创造一点价值。在正式的反思前，我想表达我对阿 bu 先生的感激。

在七万字的口述中，阿 bu 大部分篇幅都是在描述他的疾病：疾病是怎么发展的，对自己的身体和家庭有怎样的影响，又如何通过运动逐渐恢复体力？但是，在整个叙述的过程中，我发现医治在他的整个患病过程中是缺席的，要知道他所患的白塞氏综合征是一种持续时间漫长、伴随视力下降等多种并发症，并有强烈的身体痛感的一种疾病。患上这样严重的疾病却没有医疗体系支持让人感到难以理解。

罕见病被确诊的时间漫长，患者往往会因此错过最佳治疗期。阿 bu 在 2003 年被确诊为白塞氏综合征，那时距他出现白塞氏的早期症状有 8 年之久。在他出现视力下降、肌肉和关节疼痛等症状后，阿 bu 去了医院，但医生根本不会把这些症状联系起来，每次都是哪里不适就治哪里。甚至有时只是大剂量给他注射青霉素，这极大伤害了他的身体。阿bu说，自己身体状况其实也和早期的错误治疗有关。其实，这种现象在罕见病患者中非常普遍。病痛挑战基金会、浸会大学和华中科技大学联合发表的《2018年中国罕见病调研报告》显示，中国有60%的罕见病患者曾经被误诊，43%的患者确诊需要奔波4家以上的医院，罕见病确诊的时间长达5年。在患病早期，阿bu也是这样在各家医院辛苦奔波却不能得到确诊，并耽误了最佳治疗时期，而且阿bu就诊的都是广州、深圳这种大城市的医院。可想而知，那些生活在三、四线城市甚至是农村的患者或许会更长时间处在这种无助和恐惧之中。

罕见病治疗的高昂成本也将很多人拒之门外。罕见病药物的研发过程复杂，但是受众人数较少，研发成本较高，再加上国内对罕见病研发的政策支持不足，很少企业愿意投资。但国外药物进入中国市场的申请、执行和批准手续也非常漫长，许多国外药物在中国迟迟没有上市，而且价格也十分昂贵，普通家庭根本无法承受。《报告》显示，罕见病患者家庭年均收入近7万元，而年均医疗支出约5万元，医保仅能报销约1万元。2003年被确诊后，阿bu便去广州做积极治疗，当时医生给阿bu的用药是国外进口的生物制剂，需要自费，每个月的药费是两三万块钱。无论是15年前还是现在，绝大多数中国患者都会面临无药可用或者无法负担的局面。后来阿bu破产，又没有公共医疗的支持，他无法承担高昂的医疗费用，阿bu从此就完全放弃了治疗，只是通过服用一些便宜但副作用极强的激素做基本的维持。

白塞氏综合征难以治愈，甚至会伴随终生，但从与阿bu的交谈中能够判断，即便在那段“积极治疗”的日子，医院也并没有给他持续性的支持，对每次的诊断结果、药物效果医生总是语焉不详，阿bu每次都是失落而归，于是辗转到其他医院。在这个过程中，医生和患者之间的联系是松散甚至是断开的，这对于疾病的控制和治疗有非常负面的影响。

和阿bu对医疗支持较少的提及相对应的是他大篇幅叙述自己身体的疼痛。像这种残障者对疼痛的诉说有着极其重要的意义。对于许多残障者而言，身体的疼痛和有关身体疼痛的记忆（比如车祸、工伤等）是与他们身体的残障伴生的。但是，这种本来极其自然的关联却在中国如今的多种有关残障的话语版本中被人们忽视。

中国主流社会长期把残障者称为“残废”。在这套话语中，身体的残疾被视为不幸的个人问题，残障者需要向主流的健全人的社会靠拢。国家和社会应该用“父爱主义”来温暖他们，而不是把创造一个合理便利的环境当作社会责任。而个人层面，残障者应该用一种“自强不息”的态度来克服甚至是消除自己的身体不便，他们应该去医治自己的生理疾病，还要提高自己的忍受力，培养自己的竞争力，好让他们在主流社会中生存。在这套话语中，“疼痛”被视为个人的痛苦，应该自己来承受；“疼痛”的表达被视为软弱，无助于问题的解决，是被压制和不允许的。

而近几年由公益圈倡导的“权利话语”是一个很大的社会进步。社会权利的视角认为残障之所以成为问题，是社会建构的结果。从这个视角出发，社会应该聚焦到如何移除社会障碍，而不是如何治愈身体。在这些行动者的倡导下，无论是从人们的意识观念还是社会的制度层面，都有了很大的进步，残障者获得了越来越多的社会权利。但是，策略性过度关注“社会障碍”而非身体，残障者独特的尤其是痛苦的生理的“疼痛”就会被人们选择性忽视，甚至对疼痛的正常表达也会受到抑制。我们看到了公益圈的绝大多数有关残障者生命故事的文本都是在写他们个人歧视性的社会经验，对阿 bu 这样的“巨痛”的关注却极少。

阿 bu 在描述疼痛的时候很少用形容词，而是很客观地从疼痛的部位、频率、时长这些方面来介绍。“像发射脉冲”“剜肉”“间隔时间越来越短”“长达三四个月”。始终感受着自己的身体疼痛，又旁观和监控着自己的身体，疼痛感是他生命体验最重要的一部分。很多残障者其实都有类似阿 bu 这样疼痛的经验，这种“疼痛”的表达其实不应该被忽视。它能让我们意识到他们在急需社会权利的时候，生理的痛苦也是需要被正视和改善的；同样，从每次和阿 bu 的这种交谈中，我真实感受到生理疼痛其实是人和人之间难以跨越的生理屏障，但表达起码让他们在身体之外获得了多一点的自由。

张佳欢：走下舞台，生活仍在继续

甘　果①

我特别喜欢看访谈，看那些名人在人生的不同阶段的不同访谈，你会看到他们的改变，甚至他们对同一个问题的不同看法。访谈过后，他们的人生、他们的困惑难道就定格了吗？不是的，其实他们的生活都还在继续。

——张佳欢

遇见另一个张佳欢

在去采访张佳欢之前，我在网上搜索着她的信息。输入她的名字，涌现出来的是一篇篇充满励志的新闻和采访稿。“轮椅上的女歌手”，是她留在公众视野中最广为人知的符号。她丰富的演出经历令人敬佩，从2004年到2010年间，她留下了许多动人的歌曲和精彩的表演。从德国舒曼声乐大赛一战成名开始，张佳欢得到了国内外许多人的关注，加入中国残联艺术团之后，她的舞台也随着艺术团的巡演延伸到了世界各地。除了多次接受中央电视台的采访之外，张佳欢更是两次受到了国家主席的接见。

网络上、新闻里的她总是戴着眼镜，化着舞台的妆容，或是微笑面对镜头，或是手握话筒动情歌唱，这是张佳欢给我留下的第一印象。但是所有关于她的新闻，都停留在2010年，关于她的一切，似乎就此定格。曾经的

① 甘果，女，中山大学社会学本科，深圳大学残障与公益研究院研究助理。

张佳欢在演出中

唱歌生涯让她收获了一批粉丝，支持她的朋友们成立了专门的贴吧。贴吧里有很多鼓励的话语，但最新的几条，都提出了同样一个问题：现在的她过得怎样？

带着这样的疑问，借由采访的契机，我来到了她位于深圳市宝安区的家中。沿着商铺林立的大街，拐进了拥挤的停放着电动车的小区，周围的一切是那么的生机勃勃，和我脑海中仍停留着的有关她的静态照片形成了鲜明的对比，也让我终于有了将要真正见到张佳欢的实感。坐电梯来到高层，连排的建筑和紧挨的家家户户像是一个迷宫，一下子让我失去了方向感。兜兜绕绕，按着门牌号寻觅，找到张佳欢的家时，她已经开着电动轮椅和男朋友一起在家门口等候多时了。当我向她惊讶地提起小区的热闹还有楼层住户之多时，她有些腼腆地笑笑说，“我不喜欢太安静”。

迎接我们的还有张佳欢和她男朋友一起养的两只猫咪，家里四处摆放着两只有点怕生的小动物的玩具和用品。坐在轮椅上的张佳欢长发及腰，摘下了近视眼镜，看起来比网络新闻照片里的她成熟很多，没有再化着舞台浓妆的脸上总是点缀着温和的微笑。一身白色短袖配上深色的亚麻长裙，衬得她越发温柔恬静。对于这个评价，她却并不赞同，“哥哥总是说你们刚认识我，所以被骗了，其实我是个女汉子，哈哈哈”。张佳欢口中的哥哥是她的男朋友小张，小张比张佳欢大5岁，在我们采访的时候总是安静地在客厅一旁的电脑桌前办公。和张佳欢一起，喝着茶，吃着水果，我们共同度过了许多个上午，我也再一次从她的视角，了解了她的故事。

东奔西走的童年

第一次见面前，和张佳欢在微信上语音聊天，她主动告诉我，自己患的是一种先天性的基因疾病，学名叫作先天性脊肌萎缩症（SMA），症状具体表现为以脊柱为中心，距离越远的肌肉越没有力气，使不出劲。这种病目前仍然没有找到有效的治疗方法，并且因为具有渐进性，病情仍然会以谁也无法预测的速度发展下去。这是一种不分人群种族都有高概率隐性携带的基因疾病，但张佳欢同时告诉我，如此普及又令社会家庭无力的隐性遗传病，其实只须已孕夫妇或备孕夫妇，通过羊水或实时定量 PCR 检测技术进行血液或染色体等简单的筛查手段，便能生下健康的宝宝，阻断因它所致一生的坎坷波澜①。时至今日，张佳欢已经和她的病相处了 28 年之久，但是真正第一次了解病情的名称和含义，却花费了张佳欢和她的妈妈两人整整 10 年的光阴。

时间倒回到张佳欢成名之前。1990 年，张佳欢出生在西安，但是家人很快就发现她的不对劲——她似乎很少自己动过，身体也总是软绵绵的。父母带着还是婴儿的张佳欢拜访了许多家医院，却没有一个医生可以给出一个具体的诊断。张佳欢一天天长大，身体却并没有任何的好转，她甚至没有办法独立坐起来，都是要家人用几个枕头把她塞住，才能坐着。当时一些权威的医生甚至断定她活不过 2 岁。

在张佳欢 1 岁多的时候，爸爸就和她分开了。于是妈妈独自带着她开始辗转在各个城市，西安、海南、北京、深圳，拜访了不知道多少家医疗机构，也曾试过数不清的所谓秘方。一年又一年，就像是在黑暗中乱撞，母女俩什么法子都试过，不间断地扎针、吃药，小张佳欢的牙齿甚至都因为长期服用中药而全部坏掉，迟迟没有得到一个准确的诊断，妈妈的心中仍然留有一线希望，因此格外强烈地排斥女儿被轮椅束缚的可能。她总是想着，女儿有一天会好起来的，有那么一天也可以像个正常孩子一样蹦蹦跳跳。

四处看病的开销是巨大的，妈妈独自带着张佳欢，更要一边忙着打拼自

---

① 引自 http://news.medlive.cn/all/info-news/show-141562_97.html.

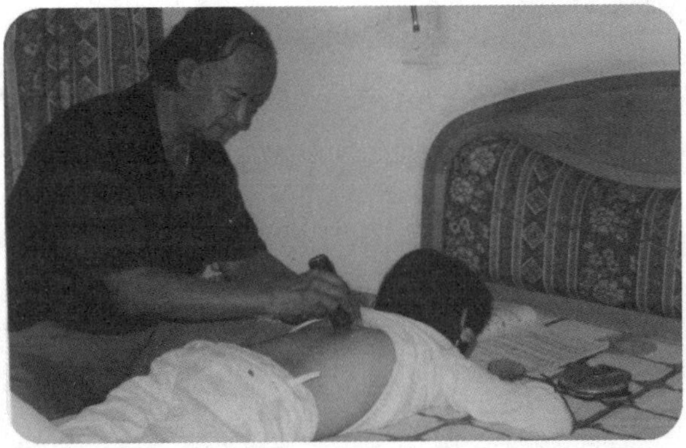
张佳欢在接受理疗

己的事业。张佳欢有些苦涩地说：“可以说是为了我，她硬生生走上了一条女强人的道路。”那些年，开过餐馆、做过农厂，妈妈工作状况比较好的时候，就会把张佳欢带在身边；白天要出门上班，妈妈自己省吃俭用请阿姨来照顾家里的女儿；公司状况不好，忙不过来的时候，妈妈便把张佳欢送到外婆家，或是爸爸家和其他亲戚家里，甚至是医生家里。

住在医生家里是让人难忘的经历。对于仍然年幼的张佳欢来说，离开一直陪伴自己的妈妈，独自住进陌生人的家里，甚至陌生的医生还会每天给她打针，都是让她害怕的事情。一些大人却还自以为幽默地逗她“哎呀，你妈妈不要你啦”。陌生的环境，这些旁人无心的话语，像是一层阴影，一直笼罩在那个时候的张佳欢心里。虽然她还能感受到妈妈对她毫无保留的爱和周围人的关心，但是小小年纪，已经开始了解到忧愁的滋味。

因致亡率较高，SMA 的致病基因在 1995 年才被医学界明确了解①，直到 10 岁，在湖南湘雅医院，张佳欢才第一次被确诊了病情——先天性脊肌萎缩症（Ⅱ型）。如果说张妈妈之前仍然怀有一丝侥幸的话，医生不乐观的预期和医学治疗的空白却给了母女俩一个痛击。妈妈和她坚持了 9 年试图对抗疾病的漫长战争化为了虚无，因为在此之前张佳欢曾被诊断为小儿麻痹、软骨病、脑瘫……它们听上去还有一些希望。

“那时妈妈一直幻想着有一天，我还能够站起来。她不希望有一天医疗水平进步了，可以治疗我的病了，我的腿却因为长期坐着而已经萎缩。”

那场 9 年来从未间断，以几年为一个周期维持着的战争叫作物理训练。

---

① 引自：http://www.sohu.com/a/59682043_119250.

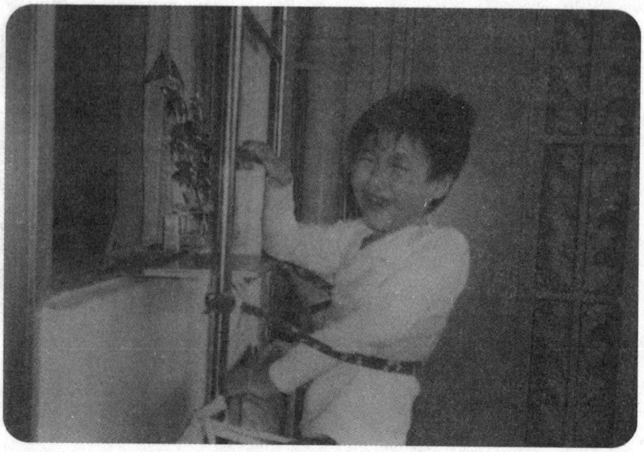

物理训练时妈妈拍下哭泣的张佳欢

在家里地板铺着的软垫上，张佳欢被要求通过扔沙包、举哑铃、练习爬行等方式锻炼无力的肌肉。与此同时，被捆绑起来的站立练习和强行拉伸萎缩的腿筋，让太久没有被好好使用的肌肉和筋因为每一次的运动而钻心刺骨地疼痛着，每次训练都在汗水和泪水的大爆发中开始与结束。张佳欢有些好笑地回忆起，在年幼刚开始接受针药痛苦的初期，总是她在这边哭，妈妈在旁边看着也哭，然而随着越久越长的锤炼，她还在这边哭着，妈妈却已经能够在旁边笑着拍照了。

每天早上 7 点半起床，半个小时洗漱和吃早饭，8 点开始练琴练唱，9 点开始体能训练，下午学习功课…… 这样高密度的时间安排日复一日，全年无休，只有在大年初一、大年初二和生日的那天，张佳欢才被妈妈允许休息，然后从大年初三开始，紧张的日子又周而复始。高强度的体能训练，看似让她的身体有了好转，可是就像是一朵营养不良的鲜花，外人对它的侍弄，却更像是一种摧残。所以只要物理训练一停下来，张佳欢的身体情况反而会恶化。时间久了，张佳欢开始对妈妈的安排感到愤怒，她其实更想要安稳轻松的童年，想要和其他孩子一样正常地去学校上学。但是张妈妈也是摸索着向前走着，张妈妈也是第一次做妈妈，她也不知道什么是对的，什么是适合张佳欢的。物理训练，不过是妈妈带着张佳欢又一次满怀希望的尝试，是盼望着先苦后甜的苦。

在深圳安定下来之前，张佳欢的童年一直在东奔西走。她也曾渴望能有一群固定的同学、固定的玩伴，更向往一个安稳的生活环境，但是妈妈独自带着她，生活已经很吃力，除了要带她看病，也因为自己创业而在城市间辗转。不管是前期四处寻医问诊，还是后期的物理训练，能够留给张佳欢好好待在学校的时间被一再压缩。即便是在深圳定居下来后，学校生涯依然困难重重。

张佳欢待在学校的时间总共不过2年半，并且还在不同的城市，不同的学校：小学一年级的时候还在西安读书，三年级和初一的时候已经是在深圳上学。因为在学校的时间太少，开始得又太晚，所以妈妈和她总是会感到焦虑。不愿意落后于任何一个普通的孩子，即使是白天在学校里上着三年级课程的同时，张佳欢晚上回到家还要额外自学四年级的课程，并且最终成功地跳了三次级。跳级和在不同地区就学的动荡，都将承受着更多的压力，她却一直保持着优秀的成绩。

上过的这几所学校里都没有电梯，虽然有轮椅，但是张佳欢却无法自己上下楼。每天上学放学，总是需要妈妈或者几个老师一起将她连人带轮椅搬上搬下。然后一整天，她都基本上不会再离开自己的座位。每到课间，班里其他同学们在教室走廊里奔跑玩闹时，她总是会特别羡慕，但是她内心小小的自尊仍然在对自己说“没关系，我成绩好就行了”。更大的难题也摆在眼前，因为没有办法自己上洗手间，又不能总在课间找到可以帮忙的人，张佳欢只有学会忍耐。不愿意麻烦别人的她最后演变到每天上学前上一次洗手间，

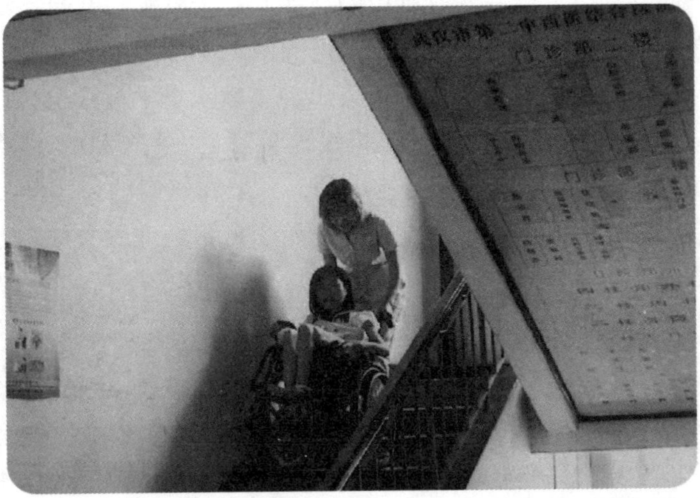

坐在轮椅上的张佳欢上下医院也十分不便

然后在学校的一整天，都尽量少喝水，这样一直忍到下晚自习回家后再上一次洗手间。对于还是孩子的张佳欢来说，这样的忍耐其实是一种痛苦的折磨，但是为了能够正常地上学，她都咬着牙接受了。然而即便是这样努力维持的校园生涯，却最终在初一那一年结束。

五年级后，张佳欢跳级直接上了初一，和小学并不完全衔接的课业和突然繁忙的学习任务接踵而至，开学的几场考试给了张佳欢一个下马威，第一次成为班里的倒数，心理上巨大的落差让好胜的张佳欢十分难过，即使在课外加倍地自学也弥补不了她在数学等科目上的短板。前几年校园生涯的缺失的后果——她不够扎实的基本功在这时全部暴露了出来。而另一方面，随着年级的增高，教室所在的楼层也越来越高，妈妈搬动身高体重和年龄一起增长着的张佳欢越来越辛苦，更别说是每天连人带轮椅地搬上搬下六楼。如果说，自学难以弥补的缺陷和成绩上的不断落后是压倒张佳欢求学希望的最后一根稻草，那么这短短 1 楼到 6 楼的距离便是横亘在她的求学之路上一道跨不过去的坎。

当别的孩子上着学，准备一路中考、高考，上大学时，张佳欢的妈妈看到了不方便的校园环境将会一直伴随着女儿的重重障碍。母女俩依然焦虑着，谁也不知道未来会怎样，如果学校升学求学这条路走不通，那张佳欢总得学点别的什么吧？

因此，初一上完，妈妈决定让 12 岁的张佳欢开始在自己的公司里锻炼，希望她起码能够掌握对以后就业有用的技能。那个时候，电脑还没有现在这么普及，在公司学习之前，张佳欢在附近的网吧里学了 1 个月的电脑。但与其说是上课，其实不过是在网吧老板隔出的小教室里学习开机、打字，简单地使用 Word、Excel 等软件，甚至还粗浅地学习了一些 CAD（计算机辅助设计）的使用。1 个月后，张佳欢迅速出师，开始在妈妈的公司学习一些文员的技能。只有着速成电脑知识的她，刚开始学着帮经理做文件、方案书，整个人都是蒙的。

曾经有一次，张佳欢第二天就要交给客户一份方案书，第一次写方案书，然而身边却连一个可以求助询问的人都没有。那个时候网络也不发达，还没有现在百度搜索来得这么快速和方便，所以一份有经验的人可能 2 个小时就可以完成的文件，张佳欢仅靠自己一个人慢慢琢磨、细细修改，花费了一整天才渐渐成型。然而到了快下班，电脑却突然死机，所有文件都没有了，一整天的心血功亏一篑，12 岁的“实习生”张佳欢几乎崩溃，委屈和绝望的眼泪唰的一下就像决了堤的洪水一般流了出来。然而工作还是要做，她就这样一边哭，一边补文件，直到第二天天亮，张佳欢才终于把文件重新做出来，让经理得以拿去交给客户。

在公司里学习了将近1年，张佳欢进步很快也很大，基本已经掌握了工作的许多基础技能，甚至还有了比自己大很多的“小徒弟”。但与此同时，妈妈在公司里却做得越来越不开心，她开始逐渐将精力和注意力放在张佳欢的身上，希望女儿不只是掌握在公司里的一些基础的技能，还应该有更长远的发展。

而因为张佳欢从小展露的音乐天赋，张妈妈再一次带领着女儿走上了艺术的道路。在命运的十字路口，张佳欢和妈妈更像是在命运齿轮无声转动的力量下，被推动做出一个又一个选择。蒙着眼睛往前摸索着的母女俩，谁也不知道这一次的选择是不是正确的。

舞台上的歌者

张佳欢3岁的时候，便展现出了过人的音乐天赋。那个时候广场上流行露天KTV。让张佳欢仍然记忆深刻的是叶倩文的一首《潇洒走一回》，听得多了，虽然根本一点都不懂歌词的意思，但是年幼的张佳欢却已经全靠着记忆和旋律学会了这首歌。还被抱在妈妈怀中的她成了露天KTV老板最欢迎的客人，每次当她用稚嫩的声音正确地唱出“红尘啊滚滚痴痴啊情深，聚散总有时”时，总会有大批的路人前来观看，对她的聪慧和悦耳的歌声赞叹不已。

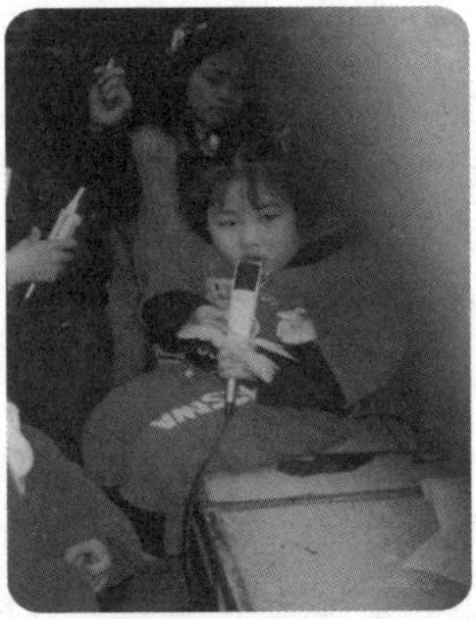

3岁的张佳欢在露天卡拉OK机前唱歌

因为发现了女儿对音乐的喜爱和天赋，在体能训练和上学或是自学的那些年里，张佳欢的音乐训练也从未荒废。因为生病，手臂没有足够的力量，所以张佳欢一直以来学习的是电子琴。而从 12 岁开始，妈妈带领着张佳欢开始了她的唱歌比赛生涯以后，张佳欢更是四处拜师，开始更为系统地学习音乐。妈妈每天带着张佳欢四处奔波，老师家没有电梯，妈妈便连人带轮椅地将她搬到老师家里上课。遇到音乐比赛时，前往不同的音乐厅，上车下车，也是妈妈一个人抬上抬下。

原先只是将音乐当作兴趣培养的时候，张佳欢更加喜欢唱邓丽君、周蕙的歌。她的嗓子是小细嗓，清透的声线很适合这种温柔动人的抒情歌曲。而开始决定走音乐这条道路之后，因为比赛和表演的需要，在老师的指点下，她开始挑战歌剧唱法。囿于嗓子本身的特质，加上因为生病带来的肌肉无力，改变成歌剧唱法对于张佳欢来说其实曾经十分吃力，丹田肌肉的孱弱跟不上高强度的歌唱，而支撑一些宏大、具有舞台震慑力的作品也对她的嗓子产生过伤害。但是当时的努力并没有白费，无论是儿童还是成年人领域的歌唱比赛，母女俩更像是将军与士兵，妈妈指哪，张佳欢便打哪，在一次次的比赛中获得了优异成绩，取得了初步的胜利。随着声乐老师的认可，指挥官妈妈为张佳欢制订了一个更加有难度的目标，张佳欢也因此迎来了她歌唱音乐生涯中最重要的转折。

那一天，妈妈突然对张佳欢说“我又给你报了个比赛”。为了不让张佳欢压力太大，她刻意用轻描淡写的语气说“这个比赛会有一些难度，你需要学 29 首德语歌，1 首意大利语歌”。然而张佳欢一听就慌了，“有一些难度”实在是十分委婉的说法——这些在她梦里都没有出现过的语言要在 3 个月内掌握，并且要学会两种语言不同的唱法，并最终用外语表演 30 首歌。虽然已经逐渐积累了一些比赛的经验，但是面对这样高难度的要求，年幼的她退缩了。着急的她第一个想法就是问妈妈报名了吗，报名费还能不能退，但是妈妈一句“不能退还，一千多元的报名费”让张佳欢最终还是妥协了，硬着头皮从零开始准备。最终比赛在德国的奥兹维卡小镇，也是舒曼的故乡开始。当时深圳一共有 3 名参赛选手，除了 14 岁的张佳欢，另外 2 个参赛选手都是二三十岁的成年人。当时辅导张佳欢的一共有三个老师，一个老师教语言，一个老师教唱腔，还有一个老师专门负责把语言和唱腔串在一起。要在 3 个月内完成 30 首歌的要求，基本上语言和音乐的训练必须是同步高速推进着。没日没夜的练习，多少次在心中冒出“根本不可能完成任务”的放弃念头，但是

舒曼学会主席与市长在比赛场留影

张佳欢最终挺过了这3个月的魔鬼训练。在此途中，另外两位参赛同伴却因为各种各样的原因，无奈先后放弃了比赛，最终张佳欢作为深圳市的唯一参赛选手和妈妈踏上了德国的比赛之行。

在这次舒曼音乐大赛中，张佳欢最终得到了特等奖并被授予“舒曼大赛使者”称号（因大赛组委会要求非常严格，那一届的比赛只有两名二等奖获奖者，没有一等奖获奖者，一等奖最终被空着），其后在当地接受了媒体的采访并受到市长的接见。张佳欢和妈妈那些日子里被漫长的紧绷状态快要揪断的神经，终于得到了些许的松缓，觉得多年的辛苦总算有了一个小小的结果。带着国际比赛优胜者的光环，张佳欢逐渐吸引了更多公众的视线。但是更多的关注却不是在她本身的音乐天赋和歌唱实力上，人们对她感到好奇与敬佩，她的病情和经历在采访和报道中都化为了煽情与励志的句子。似乎她的名气在外界看来已经是一种成功，但是在“励志天才”这样浪漫化的包装之下，张佳欢和妈妈的现状并没有什么实质的好转。过了获奖之后最初的兴奋，两个人却仍然好像飘在空中，虽然得了奖，但是对于张佳欢未来的发展并没有什么实质的帮助，未来对于母女俩来说还是那么的模糊和迷茫。未知的压力和对稳定下来的迫切促使着张佳欢继续着参加演出、比赛的脚步。

也就是在那个时候，妈妈慢慢升起了一个新的希望：也许女儿可以进入中国残联艺术团。因为只有得到一份工作，张佳欢才可以安稳下来，度过一段相对她那个年龄正常的生活。

怀抱着这样不确定的可能，母女俩因为表演和比赛在北京待了 4 年后，在一次音乐会后机缘巧合地遇见了中国残联的吕主席，通过他的引荐，张佳欢最终正式成为中国残联艺术团的一员。加入中国残联艺术团，是张佳欢音乐人生的又一个重要转折点，母女俩开心地以为，有了比赛胜利的累积，又进入了体制内最权威的单位，在艺术的这条道路上，张佳欢终于迎来了摘取果实的季节。

在艺术团的 2 年里，张佳欢跟着艺术团进行全世界的巡演，每天都坐着飞机在各个国家、城市之间来回；从机场到酒店，从酒店到剧院，然后再离开这座城市，三点一线的日程虽然没有充足的游玩时间，但是张佳欢也借着工作的机会去过了很多地方，全世界各个国家的歌剧院舞台上，都留下了她的身影和歌声。

“轮椅上的女歌唱家”，光鲜的表面下，张佳欢的许多个人需求却仍然在很大程度上被忽略。她的身体因为生病总是虚弱着，然而艺术团的工作是高强度的，来回巡演的时候，来不及倒时差，经常很多时候一睁开眼睛，都不知道自己在哪个国家。而另一方面，虽然张佳欢凭借优秀的唱功和表演能力，一入团便成为团里几个主要演员之一，但因为残联艺术巡演的公益性质，每个月能够领到的薪资并不十分丰厚。在艺术团工作期间，她可以靠着工资过上稳定的生活，但是却没有办法为自己留下什么积蓄，如果有一天离开了艺术团，她以后的生活该怎么办，没有人可以告诉张佳欢和妈妈。也许在公众看来，张佳欢是成功的，她靠自己的励志走上了一条艺术的道路；然而现实中，张佳欢仍然拖着疲惫的身躯埋头向前冲着，甚至没有时间停下来好好思考。

高强度的表演工作，加上刚进团仍然不太适应北京的气候，2005 年底，时值时任国家主席胡锦涛和其他中央领导接见艺术团，张佳欢却生了一场大病，再也支撑不住地倒下了。彩排的时候张佳欢便已经发起了烧，但因为不敢让别人知道，夜里妈妈偷偷带着她去医院打针，又偷偷回到宿舍，只能睡两三个小时。来回这样折腾了好几天，最终在正式演出的第二天，体温一下子飙上来了。那是一场多么重要的表演啊，也是团里所有人为之努力和排练过多少次的短短几分钟，张佳欢却再也坚持不下去。表演之前，救护车便带走了当时已经高烧昏迷的张佳欢，急诊医生一到便马上给她的大腿动脉打了两针急救，才将张佳欢的意识又拉了回来。然而这一场高烧却迟迟没有退去，张佳欢这一住院，就是半个多月。在住院途中，胡锦涛主席等人还是亲切会见了张佳欢等艺术团的主要成员，相关部门更是打电话给医院，叮嘱："一定要把张佳欢给救回来！"

这一次高烧，仿佛是身体向张佳欢敲响的一次警铃，虽然出院后张佳欢又坚持了很长一段时间，但是国内国外的工作和表演，长时间的飞机，坐车搬上搬下，都像是一根根稻草，压向了张佳欢瘦弱的身体。她感觉到自己越来越虚弱，而到了18岁那一年，也就是2008年，张佳欢面对了自她出生以来最大的一次健康危机。

梦里我总是忘记了歌词

"起初我总是觉得有东西顶着我，上不来气"，那个时候的张佳欢感受到了自己的不对劲，每天早上都因为压迫窒息感而早早醒来，虽然不敢告诉妈妈，但时间久了，妈妈也发现了张佳欢的睡眠越来越不好。在妈妈的询问下，张佳欢终于向妈妈提出了想要去医院拍个片检查一下的要求。医生发现，原来是长期的坐立姿势导致的脊柱变形，压迫到了张佳欢的心肺，可以说是由于先天性脊肌萎缩症导致的非常严重的并发症。面对这样的身体状况，医生给出的预后非常不乐观，一下子吓坏了张佳欢的妈妈。她还憧憬随着药物研究的进展，也许女儿有一天终究可以站起来，但女儿的身体却突然说不行就不行了。没有任何心理准备的张妈妈受到了巨大的打击，陷入了持续的焦虑中，母女俩整夜整夜地睡不着觉，张佳欢身体难受，妈妈却是心里难受。

后来有人告诉她们，美国有一种脊柱矫正的手术，虽然不可以根治张佳欢的病，但可以很好地缓解当下的危机。这给了张佳欢和妈妈一个希望，然而手术费用却是惊人的，虽然张佳欢已经记不清到底是多少钱，但是数十万计的费用足以让妈妈这么多年来的工作成果元气大伤。从国内自费去美国做手术，而且还是脊柱矫正这种大型手术，尽管妈妈毫不犹豫地变卖了多年累积的名下资产，但是母女俩仍然面临着严峻的经济问题。

为了抓住这最后的希望，张佳欢和妈妈飞到美国加利福尼亚州开始接受初步的诊断，在异国他乡也遇到了很多特别好的人。为了凑齐手术费用，在美国张佳欢仍然坚持表演，在一些教会和社区的活动上继续登台演出。除此之外，售卖14岁时曾经写过的自传和出过的音乐专辑，也成为张佳欢攒手术费的方式。因为她曾经的歌唱家身份和独特的生命经历，她的事迹也登上了

张佳欢自传

当地的新闻报纸，获得了更多人的关注。除了教会里认识的许多华人朋友，还有很多公益组织也闻讯找上了门。但是一些公益组织一登门就拉着张佳欢和妈妈拍照录像并直接提出捐款，这让好强的母女俩心里十分难过和抵触。简单去理解，明明也是一种帮助，关上门后却真的很想哭。

“人们总是心存善意，你往往能从街上路人一个温暖的眼神中，获得再继续撑下去的力量，也偶尔会被未经了解和同意的一些行为所困扰、捆绑。”张佳欢歌手的公众身份通过媒体的报道，隔着新闻网站，隔着人与人不同命运的鸿沟，她的一生或者她妈妈的一生，很容易便被归结成仅仅一个符号，一个明显统一的符号。如果她只是一个默默无闻的女孩，也许并不会有人知道她的困难，更不会有人上门来捐款。虽然张佳欢对于公益组织的善意十分感谢，也对个别人对符号的这种追求表示理解，但是她和妈妈仍然不愿意直接接受别人的同情和帮助。对捐款的一再拒绝也让张佳欢和妈妈觉得辜负、伤害了一些人，这是她们第一次感受到了面对善意的一种无奈。

当年能做脊柱矫正手术的医院全美也只有两家，张佳欢和妈妈找到的斯坦福大学医院里更是只有一位医生能做，而且还是一位儿童科医生。因为脊柱矫正相关的手术本来最好在13—15岁做，那个年龄的孩子骨骼刚刚发育好，面对的风险也最小，而18岁的张佳欢当时已经超龄了，也意味着她将会面对更加不利的风险。手术非常耗时耗力：因为是脊柱矫正，需要在背上从脖子到脊尾骨全部划开，身体里面的神经密布，稍有不慎，造成的后果是无法预料的；并且因为张佳欢SMA呼吸肌的孱弱，让术后抽掉呼吸机这种常规操作也变成一道鬼门关。做手术前，妈妈被吓哭了，曾经在海南独自创业时，差点被人绑架都能挣脱跑掉的“女汉子”妈妈哭得手抖脚抖，这种慌张让张佳欢没来由地生了气。她仍然还记得自己进手术室前对妈妈大声说的话：“这么多年都过来了，这么多事情都过来了，有什么好哭的！不许哭！我没事的啊，我进去一下子就出来了，你就回家睡一觉，我这个手术就做好了。”

手术最终成功了，但是一场手术，解决的不过是先天性脊髓萎缩症引发的身体机能伤害，她的身体状况依然不乐观，斯坦福SMA专科医生当时给了张佳欢和妈妈一个预后期：8年，她还能再活8年。

手术后的张佳欢，明显地感受到自己身体的灵活度没有原来那么好了，肺部的虚弱让她刚开始说话甚至都很费劲，总是说上一句话也要中断好几次，整个人的状态大不如前。但最令人心痛的是，她不能再唱歌了。嗓子因为身体的虚弱和喉部肌肉的萎缩总是会破音，过去为了比赛和表演而改变的唱腔本身就会比较伤害嗓子，而习惯了唱震撼力曲风的嗓子由于肌肉的记忆也没有办法再回到温和一些的唱片式唱法。

术后休养的那2年，张佳欢过得有些颓废，8年的期限和远去的舞台像是一把钝刀，寂静无声却又无时无刻地割磨着她的内心。为之付出多年辛苦和牺牲的音乐道路，又一次化为虚无的泡沫，曾经高强度的音乐训练、世界巡演离她远去，像是存在于另一个世界。那个时候她有一种心理落差是从舞台上退下来。不是说周围人对她不同的心理落差，而是看到话筒，看到舞台，她内心总是会十分遗憾。许多年，她再也没有碰过与音乐有关的东西。但是在深夜里，在越来越多的梦境中，她又回到了舞台。

“我总是梦到我忘词了，快要上场了，在西班牙剧院那几千人面前，我在后台练习，那首唱了多少遍的*Memery*（出自歌剧《猫》），张口却怎么也想不起歌词。好像在梦中把我这几年在舞台上紧急的情况全都过了一遍。”

在艺术团表演的那几年里，张佳欢几乎没有做过梦，或者是每天早上一起来立马就不记得梦见了什么，可能是因为太累了，那时候每一天都是往前奔跑的状态。但是手术后休息的那几年，她却又总是做梦：各个国家的舞台，

张佳欢生活照

唱过的各首歌都串在了一起。人的梦境总是很复杂，很多感情杂糅在一起，集中体现在梦境中。那时候的张佳欢，有留念，有遗憾，但更多的还有对于那些年紧张生活突然松弛下来的一种放空的迷茫。

那段时间里，每天接触的人少了，以前因为表演等种种每天都要面对的人群远去，甚至到后来，张佳欢和妈妈总是房门紧闭，也不太愿意再多接触或熟悉或陌生的亲友。偶尔，也会有故人来联络探望，但即使是在张佳欢初征艺术之路时看着她长大的董妈妈来访，坐在同样身体不便，一路看顾自己从深圳起飞的榜样身边，张佳欢也只感受到无言的尴尬，她说是一种辜负的感觉将她的语言瓦解，她只能静静裹在对方依旧温暖的眼神里无地自容。

这也是她和她的妈妈渐渐远离社交的缘由之一。每个人都有一股支撑生活物质也支撑精神状态的立本所在，或是学业，或是事业，或是一件有前景的大事小事，当一切突然就分崩离析，支撑的根本就被抽空了。

远离舞台和人群，18 年来，张佳欢的人生第一次放慢了脚步。曾经密密麻麻的时间安排被大段的空白充斥着，音乐生涯的戛然而止，纵然使张佳欢对未来感到迷茫与困惑，但与之相对应的，是她第一次完全拥有了对自己生活的主导权。

美国的手术之旅让张佳欢的妈妈邂逅了一段感情，来回国内国外几次之后，张佳欢也就和妈妈在美国定居了下来。住在加州生活节奏缓慢的小镇里，她第一次感受到了自由。也会有在家看看电影、打打电脑游戏的时光，但是对于未来未知的焦虑如影随形，所以张佳欢不愿意只在家里待着。轮椅对于张佳欢的身体和灵魂都绝不是一个锁死的束缚，她所在的城市有着便捷的火车，每天她就开着她的轮椅，坐上火车，把自己送到好远好远的地方去，到陌生的地方去卖家中还剩下的一些音乐专辑和自传书籍。

“我那个时候其实心里想的是处理，不想要都堆在家里占地方，看着心里很难受”，张佳欢这么描述自己当时的“探险”初衷。加州地大人少，都是三十里路几户人家，但是18岁的张佳欢聪明又大胆，专门跑到人流比较多的大超市门口卖，结果被当地城管一样的警察赶。“那些警察都是带着枪、开着警车的，我真担心把我抓进去”，第一次警告张佳欢没走，第二次警告她就有些怕了，但碰到有人来买，于是咬咬牙没走，第三次来就赶紧跑了，坐着火车又换个地方。好在后来有一家餐厅愿意向张佳欢提供一张小桌子，她才终于固定下来，不用担心警察的追赶。这样的售卖行动断断续续持续了一个多月，加州的阳光很烈，虽然和我见面时张佳欢已经白了回来，但还是留下了一些阳光晒过的雀斑。妈妈心疼张佳欢，不让她继续出去到处跑，但张佳欢也没有闲下来，在美国继续上课、自学，尝试找份工作。

我现在想要叛逆

在美国的时候，张佳欢自己制作英文简历，用Excel做出来的朴素的表格，虽然跟现在就业市场里流行的花样繁多的简历无法相比，但都是她自己一个词一个词打出来的。在美国，房地产中介就业是需要考证的，张佳欢差点就考了那个证书。但在那之前，张佳欢发现自己越来越不能忍受在美国的生活。

“在那边待得越久，你越会发现自己身体的雷达好像渐渐被关掉了。”张佳欢口中的雷达指的是对周围事情的融入和敏感。在中国，即使不去刻意地汲取信息，但平时听到的碎片化的什么事情，因为对于整个环境背景有着深刻的了解，我们可以很轻易把信息连接进已有信息的体系中。生活在这样的环境中，一个人可以不断地收取信息填补整个系统。但在美国，张佳欢的信息脉络开始变得支离破碎，语言的不通，加上缺乏对美国社会背景的了解，无论是周围邻居的交谈，还是媒体里的新闻，所有事情都要去翻译，去查词典，慢慢去了解。长期处在这样的环境里面，她开始对周围的事情没有了耐心，所处的圈子也越来越小。张佳欢并不喜欢这种状态，妈妈尽了自己的所能，每周把她拽出去社交，但是都是去教会、教堂，遇到的人年龄都很大，大家虽然都像亲人一般亲切，却并不能带来张佳欢想要获取的信息。

这样的状态拧巴着，花费巨大的手术也不过解决一个并发症而已，张佳欢在手术后开始有了一丝后悔。医生预后的8年仿佛一个倒计时，也带走了她的一部分意志。休养的时候，张佳欢回头看，这么多年来，她和妈妈付出牺牲了那么多，和她差不多同时间得奖的李云迪等人，回国后逐渐开始踏入在艺术道路上摘果的阶段，但是她的艺术生涯却因为身体的原因夭折在了最好的时候。“就像网络上的毒鸡汤一样，那个时候真的是觉得生活就是起起落落”……曾经的辛苦总是还能苦中有盼，是因为对未来有着希望，但那时一切倒塌，希望没了，就只剩下了苦。

就在这忽然被按下暂停的匆忙步伐后，张佳欢的生活，开始有了大段大段的留白，她开始留意到，路边折断的花有暗香，头顶遮阳的树荫是葱绿的，有时一下午，一个人在操场上仰天坐着，一点细小的美好也会让人一刹那不能自控而泪流满面……还有，一夜一夜地熬，无法入睡。那几年张佳欢喜欢写东西，用文字来寄托自己满腔的失意。一写就是一整夜，晚上睡不着，白天睡很久，每天都不想让第二天到来。但是那些文字却全部都不是公开的，她的博客也锁起来，字里行间，全都只是深夜里她跟自己内心最深处的对话。

一路走来，其中不仅自己付出牺牲过，更是有妈妈在身后的苦苦支撑，对于已经选择付出过的事情，对于因为走上这条路才遇见的那些可爱又可亲的人，张佳欢说她不后悔，但是如果有和她相似的小朋友再问她，她一定会很肯定地告诉那个孩子，不要再轻易去走演艺的道路，不要再乱撞，不要再乱试。年幼时就选择好一项适合自己身体状况的技艺，要一路坚持，走至光明。

“我们这样的孩子容易一步错步步错，其实当初选择唱歌，何尝不是在拿我身体最弱的一面跟这个社会去拼，这算不算是一种哗众取宠？”

她特别羡慕正常孩子那样的生活，能没事看看电视，没事跟自己的小朋友出去玩，在校园，在家乡，在固定每日回家的那条路上，拥有一个固定的生活环境。这些都是她已经永远错过的童年，而那些年，妈妈带着她，两个人一直都是以超负荷的状态在往前奔走。走过了很多的弯路，从小心里所渴望的那种安稳生活，却一直遥遥无期，“不敢奢望安逸，是因为这个词在我和妈妈的字典里根本就不存在”。现在的张佳欢讨厌养生，喝自己喜欢喝的绿茶，吃自己喜欢吃的食物，不再去想四处求医问诊，更别提物理训练。好像是一场迟来的叛逆期，她只想对命运说一声：“我不！”

小时候，医生告诉张妈妈，张佳欢活不过 2 岁。因为这种病，很多孩子大多夭折在了那个年龄，但是妈妈带着她撑过来了。也可能是那些年的一些偏方起了作用，但是试过的方法太多太多，谁也不知道到底是哪个发挥了什么成效。曾经痛哭着坚持下来的物理训练也不过是杯水车薪。这么多年张佳欢和妈妈一直处在一个到处乱撞的状态，谁也不能确定什么是好的，什么是坏的，妈妈很累，她也很累。

在音乐的这条道路上，两个人曾以为看到了一些光亮，所以便拼命地向着这个方向冲，奔跑着。但最后残酷的事实，却再一次熄灭了这一道烛光。妈妈只有她一个女儿，往后母女俩还有很长的路要走，张佳欢的生存危机和妈妈的养老危机仍然一直存在着。两个人面对着未知和周围许多的压力，朝夕相处，张佳欢有时候会有不开心，妈妈也会有不开心，虽然都不想让自己的负面情绪影响到对方，但是两个疲惫和焦虑的人在一起还是会不小心爆发出矛盾。“两个人其实都没有错，都很爱对方，但两人面对着相同的命运，不同的沮丧，当家中静默时，空气里在二人之间涌动的无力和伤感就变得尤其煎熬。”话语间，张佳欢流露出深深的无奈。

在这样一切都很拧巴的状态下，张佳欢最终决定独自回国。一直以来，和妈妈相互依赖走着的这条路，有过心酸，有过开心，有过愤怒，有过希望。张佳欢形容自己是会“自断臂膀”的人，“假如个人的不开心不舍得，能换来一件事情一段路程或者说一个人的暂时圆满，我也会强迫自己去做并尽可能做到最好”。回到深圳宝安，这是她第一次主动离开曾经相依为命的妈妈，褪下外界给予的浪漫光环，她试着回到属于自己的自主生活。

生活还在继续

转眼间已经是 2018 年，曾经沉重的 8 年预后期已经安然地度过了，但是生活仍然在继续。“每多过一天，就会需要多一天的开销，妈妈也会更老一天。”回国之后，张佳欢面临着找工作的迫切。她做过公众号，和男朋友一起做过服装生意和美工，最近同时在做旅游咨询和客服两份工作。离开舞台，回归到普通人的生活，平淡却真实地掌握在手里，而接踵而来的困惑也是张佳欢所不能逃避的。虽然 12 岁就离开了学校，中间也帮助妈妈做过很多工作，学过很多技能，自认为比起实习生，她能够更好地进入工作的状态，但是在就业上，张佳欢仍然面对着很多的困境。

首先是教育学历的问题。断断续续甚至最终中断的教育学历背景让张佳欢在投简历的时候遇到了第一个难题。短短两年半的在校时间，开学和放假的概念对于她来说都是陌生的，更别提跨过许多企业布下的学历门槛。张佳欢这些年曾经自学，或者是通过培训机构学习到的许多技能，还有在清华大学 EMBA 上过的课程，被机械的人才市场直接漠视。

然而即便有时简历成功地投递出去了，看到张佳欢丰富的经验和技能，很多公司也打来了电话，想要了解更多信息。但是当对方发现她不可以到公司上班的情况，大多选择了或委婉或直接的拒绝。张佳欢无奈地说，她其实都能理解，因为在她看来，当一个人无法到体制内去配合企业整个的运营情况，甚至还需要企业安排独立的个人或者部门来和她交接的时候，对于企业的初期效益是很低的。就像是机械的零件，标准化的就业机制更加希望每个人像螺丝钉一样，按位卡进岗位里去。面对只能在家工作的张佳欢，企业选择淘汰掉无法适应的她。

除了找工作时候的困境，最初获得工作后的张佳欢也承受着身体自身煎熬的付出和回报的不对等，但是她再一次站在了企业的角度上进行了换位思考："其实这不是我一个人的问题，这是在不能出家门工作的人群一种普遍的现象。如果我是老板，也许我也并不会去雇佣一个像我这样，不能随时被企业监控指挥的人，当别人认为你在家工作，你便获得了很多要去上班的人没有的那种便利。另一方面，如果一个人去公司上班，只要人在岗位上待命，有时被叫去做职位本分外的一些附加值工作，也会是职场中理所当然的一件事。因此市场上本身可以供应支持在家工作的职业选择种类就很匮乏了，而同样职责的岗位，在家的薪资总是比坐班的要少得多。"

张佳欢说，离开了舞台，回归到一个普通人的生活，在工作上难免会有心理落差，但是她觉得这些东西都是很正常的，可能会难受，但是在思考过之后，她最终愿意把一切消化掉。对于自己所面对困境的换位思考和尝试去理解淘汰甚至伤害过她的人，可能就是她消化困难的一种方式吧。当她在工作中遇到不顺利，受到别人的指责，或者被别人不耐烦地对待，她总是会尽力去理解对方的出发点。张佳欢有时候还是会因为工作中遇到的委屈而流下眼泪，但是每次都只给自己 10 分钟，时间一到，便又擦干眼泪继续工作。这样敏感而又善解人意的张佳欢，却让我格外地心疼。是否，她也在通过尝试理解他人的这种方式，来降低自己所受到的伤害呢？

远在美国的妈妈痛苦焦虑，却还是停不下来，虽然早早就从公司离开，但她仍然在不停地接触新的圈子、新的信息，想要有新的发展。然而妈妈离开公司已经太久，独自陪着女儿奔波在舞台周围的她，眼力和人脉也渐渐脱离了商业信息的核心圈子，有很长一段时间，张佳欢隔着电话，依然疲于帮助妈妈分辨那些信息的真假。一直以来，妈妈独自带领着张佳欢，无论是看病治疗，还是工作唱歌，张佳欢被妈妈安排着向前奔跑。然后手术之后，开始了自己独立生活的张佳欢和妈妈仿佛是调了个个，变成妈妈更加地依赖女儿。其实现在的张佳欢，更加希望妈妈可以把脚步放慢下来，多一些自己的时间，闲暇时和朋友出去散散心，喝喝茶。然而面对未来，母女俩心照不宣的焦虑却从未停息过。

虽然妈妈经常会回到国内，每周末俩人也会视频通话聊天，远程的距离让彼此可以避开一些矛盾，但是矛盾没有消失，母女之间的关系仍然拧巴着。无关爱与不爱，因为视野、经历、角度的不一样，两代人紧紧缠绕在一起却并不能相互完全地理解。孩子认为必要的，父母认为不必要；父母认为必要的，孩子却认为不必要。张佳欢觉得对于这种矛盾的亲子关系自己看得很明白，但是在最初，当她毅然决定回国，和妈妈分开生活的时候，妈妈却特别特别地伤心。

“其实这也不是我一个家庭的问题，这是很多家庭都有的问题，但我的病却将它放大了许多。”其实这样的问题是很多家庭都在面对的，然而张佳欢的病情却像是放大镜，“很多正常家庭这些问题更隐晦，有些是没有爆发出来，外人并不那么容易看到。他们自己处在这样的争吵中，但因为生活中有足够选择和躲避的空间，去试想总结问题到底出在哪里的人也并不是很多，人生也总在各种来不及中，一晃就过去了。然而这些问题在我们身上就会放大，有时就会爆发。因为像我们这样的家庭，亲人之间的付出太多了，当付出越多，一些情绪的积压就会越厚重”。

现在的张佳欢，每天在家中上班的时间是从下午 1 点半到晚上 11 点，上午睡到 9 点左右起床，家里请的颜姨会在中午的时候过来帮张佳欢上洗手间和洗澡，然后做饭。张佳欢的男朋友因为是在做电商的工作，上班时间和地点没有那么固定，所以偶尔也和张佳欢一起待在家里办公。已经是两个人在一起的第 3 年，张佳欢和男朋友俩人也在考虑是否要在将来结婚生子。“要去医院看看，看我的情况能不能生，能生就生，不能生那就再看吧。”其实对于张佳欢的身体情况来说，生孩子终归是对她虚弱身体的又一个负担。但是作为独生子女的张佳欢，还是希望可以给自己妈妈、给男友家人那边留下一个孩子。

除了自己身体的情况，两个人在经济上也仍然没有足够的支持。抱着将结婚生子尽快提上日程的目标，张佳欢和男朋友两个人都在一起努力着。然而男朋友的电商生意在深圳发展得磕磕绊绊，她自己的工作面临诸多困境，这让张佳欢有时感到十分吃力。掏空身体和精神的负荷令人觉得那么疲倦，她感觉自己的生活仿佛一直是在一个失速的状态中——“生活像一个球，只要你把它滚动了，那个球就会越滚越快”。

回忆起过去的事情，张佳欢总能敞开心扉向我诉说，我看到了一个和网络上、先前了解完全不一样的她。时间的沉淀让她有了更多的反思和总结，对于过去，她的想法变得愈发成熟，她深邃的思想和广博的见识也令我钦佩。曾经的自学能力和四处游历的经历并没有随着手术而减少或是消逝，骨子里深深印刻着的自由、坚韧和勇敢仍然影响着张佳欢。然而当我们随着时间线一路来到正在发生的当下时，张佳欢却越来越多地陷入了沉默和迷茫。“也许这就是当局者迷吧”，她双眼入神地看着前方，语气轻轻地说道。她重新把握住了自己的命运和未来，只是困惑仍在，生活还在继续。

反思笔记

其实准备去见张佳欢之前，我怀揣着很多的担心。因为事先了解到对方患有先天性基因疾病，从出生开始便无法站立，甚至因为渐进型病症，她的病情还会逐渐加重，所以很担心她会格外敏感，不知道要如何沟通和提问。但是在和张佳欢几次的会面和交谈后，我所感受到的她，不过是一个耐心而又喜欢笑的邻家姐姐。她和我一起诉说着烦恼，由于年纪相仿，我们也都有着“90后”共同的话题和吐槽。整理访谈的时候，我总是忍不住思考，就像我当初对待她的小心翼翼一样，外界社会是不是也正是因为对张佳欢、对残障人群凭借刻板印象而幻想出来的太多问题，而有意或无意地隔离了他们？因为一些外在的表征，让我们只能看到他们的不同，却看不到他们与我们的相同？

和张佳欢第一次见面后，我们中午一起到家附近的餐厅吃饭，她驾驶着电动轮椅，灵活地在小区和马路上穿梭，有时还需要她放慢速度来等我们。路上遇到超市，她笑着说：“我每次遇到超市都会先观察货梯在哪里，这样我就知道可以从哪里上楼。”还和我们讨论了一番附近哪些菜市场比较便宜的话题。我可以想象到她的日常，并没有那么多我曾经主观臆想里的障碍与烦恼，张佳欢已然掌握了很好的生活经验。然而到了餐厅门口，不到脚踝高的一个台阶却止住了张佳欢的前进。一边帮忙搬动她和轮椅，我们随意地和餐厅老板讨论了一下用水泥弄一个小斜坡的可能性，却让张佳欢感到很不好意思，一直说着“没事没事，别麻烦了”。就好像她在访谈里总是说的那样，“我不愿意麻烦人家”。不论是上学时期、表演时期，还是手术筹资和现在的就业，她最害怕的就是麻烦别人，不愿意接受别人义务之外的帮助。

在张佳欢小的时候，身边最亲的妈妈一直希望她康复和回归“正常”，无意识间也将这种健全中心主义的价值观灌输给了她。所以她忍着不上洗手间，被越来越高的班级楼层、被普通学校体系推开，却没有一句对于校园环境如此不便的抱怨。就像是后来的就业一样，在她心目中，更多感受到的是因为身体原因无法适应的无奈，而不是对外界无法适应自己的不平。好像在我们的思考中，只有人去适应环境，却没有意识到，社会的完善正是基于对社会内各个人群的适应。社会面对多元群体的不适应和麻烦为什么就应当让这些少数群体自我消化和承受？他们有些人甚至自己都没有意识到正在承受着的委屈实际上正是社会支持不完善的后果。

在张佳欢的故事中，令人无法忽视的还有那一段曾经光辉闪耀过的艺术生涯。在公众的视野里，艺术的道路似乎代表着残障人群一个光明的未来——春晚上惊艳的千手观音，传奇的励志天才周舟，盲人歌手杨光……他们的事迹在大众媒体里一遍遍被传唱。但在浪漫化的光辉背后，他们最真切、最实际的需求是否得到了足够的关注？坐在电视机前的我们，好像有这样一个默认的想法：似乎只要出了名，上了节目，他们就已经是成功的。作为一个艺术家，他们有了收入，有了名气，一切问题都应该迎刃而解。但就像我列举的这许多个名字，多少人在公众视野里昙花一现，但是他们的未来如何，没有人再关注。张佳欢和母亲那些年在舞台背后的挣扎和茫然，没有在曾经的访谈和网络上留下痕迹，却是真切存在于那些年她们每一个疲惫和辗转反侧的夜里。

张佳欢自认为是幸运的，从小一直生长在大城市里，同时因为她的歌唱生涯，她去过许多国家，见过比常人都要多很多的“大世面”，独特的经历让她变得更加自由和勇敢。如果这样的她尚且有着敏感而又脆弱的一面，那么更多在偏远地区的孩子呢？更多被迫封闭在家中的孩子呢？他们是否因为社会支持的不完善，甚至对他们的排斥而更加无法看到自身的价值？

我想起《奇葩说》里有视力障碍的摄影家蔡聪，他说，“世界上不该有残疾人”，“残疾是我们的特点，而不是缺点”。

在我认识张佳欢之前，我所学习和了解到的残疾保障知识非常有限。我曾经以为对于这个人群，更加正确的情感表达应该是同情和帮助。但是随着更多的了解，我还发现了另外一种答案，也许，对于他们，我们更应该一视同仁。张佳欢令人敬佩的自学能力和深邃的思想让我清楚地了解到，他们并不是没有能力的人，他们同样可以对社会做出贡献。但以健全者为中心的社会却总是区隔出他们的不同，伤害着他们的自我认知和生活能力。总是善解人意的张佳欢令人心疼，为什么总是他们在努力提升着自己，适应这个社会呢？我们期待着一个更加完善和健全的社会，而这个社会应该是面向并能够适应多元人群的。

这些思考只是我个人的一些感悟，更希望可以通过张佳欢的故事带给更多的人思考。就像张佳欢说的那样，“希望我的故事可以让更多孩子和家长们少走一些弯路，让这个社会更加完善”。最后，再次向张佳欢表示感谢。她愿意敞开心扉将自己的故事道出，并且在文字编辑过程中提供了无微不至的帮助，最终得以让这样一段特别的人生经历呈现纸上。她的语言和文字如她本人，温和却蕴含着坚韧的力量，也祝福未来她越来越好！

薛晶：精神康复医院——“中途宿舍”——未来，生活因热爱而美丽

李生平[①]

薛晶现在生活的“中途宿舍”，在城市郊区的一片广阔田野上。

晚饭后，他们喜欢在大门外的田野、农庄、附近的健身广场散步，之后回到房间。在所有人进入房间后，关上了那扇由他管理的大门。

半个小时后，薛晶在宿舍门口排队领到了她的药，在护工的照料下，服下了为每个人量身配定的药片。

在院子里晒了一会儿太阳，听老邓唱歌，看小花乱跑，时间过得很快。到了晚上 9 点，要熄灯睡觉了，一天又结束了。

这是薛晶在“中途宿舍”的平常一天，而这，已经是她在这里的第 6 个年头。

最开始患病的 3 年多，她断断续续地在精神康复医院住过三次。

她也被称为“精神障碍者”，但她并不喜欢这样的“标签”，她更愿意做一个“热爱生活的人”。

“不可能，怎么会是我？”

“在深圳的大公司干得好好的，怎么就得了这样的病呢?”薛晶妈妈柳蕙君怎么也没想到善良美丽、工作一帆风顺的女儿会得这样的病。

---

① 李生平，男，上海师范大学在读硕士，深圳大学残障与公益研究院研究助理。

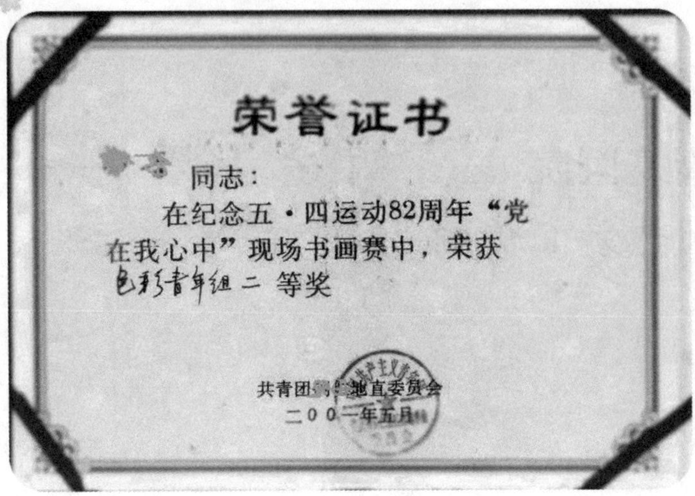

薛晶小时候出众的书法绘画才能

薛晶1982年出生在贵州的一个山区小县城，由于从小喜欢绘画，高中时选择了美术设计专业，经过两次高考的努力，终于在2002年考入了北京的一所业界知名高校。在大学的学习和生活中，她都过得平稳顺利、波澜不惊，就像她的性格一样，正如在妈妈眼里，“她从小就是一个无忧无虑、安于眼前的人”。

2006年大学毕业后，薛晶和男朋友方勇一起来到了深圳。薛晶在一家国际品牌皮包公司做设计师，那是一份令很多人羡慕的工作——有优厚的工资，还会时常被公司派到港澳台和内地的各大城市调查皮包市场潮流，她也因此去过很多地方。但是，这份工作也要承受不小的压力。因为时尚奢侈品行业的灵魂就是要把握市场潮流趋势，不断推陈出新，一旦产品的设计陈旧过时，就意味着会被市场竞争所淘汰。所以，薛晶常常会被催稿，她也不得不经常加班熬夜，堆积的工作任务实在太多的时候，甚至会焦虑到失眠。

在老板眼中，薛晶是一个尽职尽责、踏实肯干的员工，平时交给她的任务常会按时保质保量完成，老板也因此更加信任她，给她更多的有挑战性的工作。对于薛晶来说，这是巨大的发展机遇，不过，也意味着更大的责任与压力。虽然薛晶平时在生活中随性洒脱，但是在工作中却很认真尽责，老板们都认为她是公司未来可以重点培养的业务骨干，便很快为她升职加薪，并为她申请办理了深圳户口。

但是，工作2年后，薛晶的表现却慢慢发生着一些变化，让单位的领导和同事有时感到不知所措。薛晶原本对领导的安排都会毫无怨言地认真完成，但现在却不时地和领导顶嘴，有时自言自语不知所云，有时拉着别人说些奇奇怪怪的话，最严重的一次是薛晶突然口吐白沫昏厥过去，大家都不知道薛晶这是怎么了。

薛晶现在回忆起最初发病时的状态，仍然不知道是怎么回事，她说，那时候一直感觉有人在跟自己说话，“就是感觉有人在耳朵旁不停地说、不停地说，什么都说，不听又不行”，甚至这些声音还会控制自己做事、做决定时的思路。

那一年是2008年，薛晶到深圳2年后，一切都像是天旋地转般地发生着变化，薛晶的生活从此变得不再安宁。远离父母在深圳工作的薛晶，只有男朋友方勇是她最大的依靠。

妈妈柳蕙君听到女儿“行为怪异”的消息后，焦急万分地从老家赶了过来。因为柳蕙君也不知道女儿到底得了什么病，就带着女儿四处乱投医，都无果而终，后来，有医生建议她们去深圳市的一家精神康复专科医院检查一下。在那里，医生根据家人的描述，诊断薛晶患有精神分裂症中的一种类型——幻听①。

回忆起最初被确诊时的状态，薛晶说：“之前在大学读书时，对‘精神病’这三个字无法想象，我觉得精神病离我远着呢，不可能，我怎么会有精神病，从来没有想过这个问题，后来被诊断为精神分裂症的时候，当时我觉得我还是能接受这样的一个事实，我觉得把命保住就好了。1个月以后，我的变化就是猛地瘦了20多斤。”

时至今日，薛晶的回忆似乎是轻松、坦然的，可我们又怎能明白，当时的她到底经受了多少的内心挣扎和痛苦，才接受了这样的现实。

薛晶虽然知道自己得了幻听，身体状态确实变得不太好了，但“精神病”的称呼，却还是让她难以接受。

---

① 目前国内对于精神障碍分类方法的主要标准依据有：《中国精神障碍分类与诊断标准（第3版）》（CCMD－3）、*the Diagnostic and Statistical Manual*－5（DSM－5）。据这些标准的解释，幻听是出现于听觉器官的虚幻的知觉，是精神病人常见症状之一，尤其多见于精神分裂症。精神分裂症的幻听多为真性幻听，也可能有假性幻听，如病人可以清楚地告诉你，声音是通过他的耳朵听来的，声音是在外界，离他一定的距离出现的。有假性幻听的病人则会具体地说出声音不是来自外界，而是存在于他的脑子里或肚子里。

在此之前，包括她自己也和一些人的观念一样，认为“精神病”是一种带有非常明显的歧视性的词语，她的心中也有一个刻板印象，一听到“精神病”，就会想到那些人都是具有攻击性的、会打人的那种状态。但当自己也有了“精神障碍”后，才明白并不是所有的精神病患者都是有攻击性的，就像自己，只是有幻听的症状而已，并不会打人。

“精神病医院并不可怕”

被确诊为精神分裂症幻听类型后，薛晶住进了那家精神康复医院。

妈妈不放心女儿，就在深圳住了下来，每天去医院看薛晶，给她带饭。妈妈知道，有了自己的陪伴，女儿薛晶才能更好地在那里安心接受治疗。妈妈也清楚，对于从小就依赖惯了父母的薛晶来说，家人的照顾很必要。医院离住的地方很远，每天坐公交也需要四个多小时，妈妈每天去医院看薛晶都非常辛苦，但是，在妈妈心中，只要女儿能快点好起来，开始自己的新生活，这些辛苦又算得上什么呢？

妈妈最担心的还是薛晶在那里生活得是否开心舒服，康复治疗能否见效。因为薛晶在刚进入精神康复医院时，并不太适应那里的环境和管理制度。

“在那里面每天的生活比较简单，或许也有点重复吧，因为每次住的时间并不太久，都是一个多月，我已经记不起有什么特别的事情了。”对于薛晶而言，头 3 年里每次到康复医院去，她都需要一段时间去适应，情况好转之后，她也不愿意在那里常住。但是，与薛晶患病前的偏见不同的是，精神康复医院其实是安全的。离开精神康复医院已经 6 年了，很多的事薛晶已经记不清了，但回想起在那里面的经历，有一个印象在薛晶心里还是很清晰，那就是“精神康复医院的医生和病人并没有那么神秘和恐怖，其实大家都很有特点，很有趣”。

不过，这种“安全”何尝不是以非常严格的对自由的限制换来的！

精神康复医院是一栋五层高的楼房，医院的大门有保安看管。里面又有几扇较高的大铁门，这里的病人每次在院子里活动时能在哪扇大门内活动，都有着严格的规定，所以，对于不同严重程度的精神障碍者，会用分层次的管理制度，也就能避免一些危险情况的发生。

“那里面其实也没什么可怕的，如果是会伤害到别人的那种就会被‘特殊照顾’，增加人力看管他们，或者被关进单间，如果还不行，就要上电了。”

薛晶说的“上电”就是电击休克治疗法，那是所有的病人都害怕的事，不过那也是对极个别具有攻击性的重度患者在紧急情况下才会使用的方法。医院的每个楼层都有不少的护工和管理人员值班，如果有病情严重而突然发作的人，就会被立即带到隔离室，接受治疗，如果一层楼上人手不够，医生和管理人员就会打电话叫楼下的保安，他们会马上来处理。

“所以，那里面是比较安全的，自己不会轻易被那些有攻击性的病人伤害到。医院管理得那么牢，想跑出去，也几乎是不可能的事。”以前确实有人想逃出去过，但是在现在的管理模式下，对大家的治疗和管理都比较周到和人性化了，也就没有人愿意去做那样极端的事了。薛晶是没有想过逃跑的，即使有时对精神康复医院的环境也有一些不适应，但这里却也让她的病情逐渐改善，使她看到了希望。

“那时候在精神康复医院时，医院楼下也有一些草地和花园，我们户外活动时也可以看看花，心情也会舒畅点嘛。”回想起在精神康复医院的生活，薛晶说：“我每天的生活主要就是三件事——吃饭、睡觉、吃药，‘三点一线’的生活。有时候也会有看电影之类的活动，要是能多一些文化娱乐活动就更好了，她开玩笑地说，可能是医院觉得我们的精神都太‘活跃’和‘激动’了，已经不需要什么精神文化活动来‘刺激’我们了。”

“无奈的药片”

薛晶在最初生病的 3 年内陆续在精神康复医院住过三次院，每次一两个月，在医院严格的作息时间和按时规范的服药治疗下，她的病情就会慢慢平稳起来，有所好转。“以前就是不停地说、不停地说，后来就是说一说会停一停，它（幻听）的语气也不会那么急，声音也稍微小了一些。”

不过，薛晶还是想走出精神康复医院，她不想在那里待太久，虽然有助于病情恢复，但也难免感到无趣。她还是想出去，想做回设计师的工作。但出去工作没几天，新的工作单位就不要她了，理由是嫌她的设计理念陈旧，跟不上潮流了，也是怕她再复发。薛晶也没办法，她心里明白，自己生病而离开公司后，没有了电子绘图工具，她便难以时常练习；而且这几年也再没有专门进行过市场调查，对市场潮流趋势也缺乏了解，没有了新鲜的潮流动态资讯，自然便会跟不上设计前沿。同时，那些设计思路有些也是幻听告诉她的，而幻听往往也是对以前思维的重复，所以基本上她的创意理念还停留在幻听出现以前。后来的几次求职尝试，也多是这样的情况。事实上，这些公司企业的拒绝无不是因为对她“精神病”的“帽子”的恐慌。

薛晶在后来的求职中，尝试过隐瞒自己患有精神疾病的情况，但是工作一忙，只要没有按时吃药，她的病情就会加重，幻听就会影响到她的思维。至于没有按时吃药的原因，有时是因为病情加重，幻听使得她的正常意识受到了干扰，她无法管理好自己的吃药时间；有时却是因为薛晶自己有意识地避免，因为吃了药常常会嗜睡，导致无法较长时间地专注于工作，于是自己就会主动减少药量或者干脆停了药。

薛晶很想把工作尽心做好，只要精神状态稍好一些时，她就会努力地思考和工作，因为得了幻听以后，她便不能较长时间地专注于思考或做一件事情，所以一旦自己状态较好时，就会抓紧时间工作。但如果吃了药，就会犯困，无法在工作上投入相对较长的时间。这样的无奈困境，使得想做好一名设计师的薛晶陷入两难的选择。时间久了，薛晶的病情就处于这种反复的反弹之中：住进精神康复医院，通过科学规律的治疗和服药，就会渐渐好起来；而出了院，缺少了专业人士或她信任的人——比如社区工作人员等——一起监督她服药，精神状态就又会慢慢地变差。

男朋友方勇平时工作也很忙。薛晶生病后，他更是努力工作赚钱，为薛晶看病买药。他也尽可能地抽出时间去陪伴薛晶。他常常提醒薛晶要按时吃药，但他毕竟不能时刻守护着薛晶，受幻听影响而导致缺乏部分自主意识能力的薛晶还是无法按时按量服药。所以，在3年中，有时她很高兴地因为病情稳定而走出了精神康复医院，有时又无奈地被送回到“原点”。

但薛晶始终相信，自己的幻听会慢慢好起来，她常常满心欢喜地期待着自己走向“正常”社会中，去参加同学聚会，去学习游泳，去和家人朋友旅行，去学着化妆，去好好工作赚钱，将来攒钱租一间甚至买一套属于自己的宽敞明亮的房子。她说：“我希望有一天自己能自由自在地生活，去过普通人的生活。那里很美，有我爱的人，和爱我的人，还可以自由生活和工作，我想回去！”看着对未来满怀期待的女儿，妈妈柳蕙君心疼至极，但她又不无焦虑，她不愿意和女儿聊及一些事情——要想完全治疗好幻听症状，恢复正常的思维和意识，还需要继续治疗、坚持服药。爸妈会渐渐老去，社区的服务和支持也有限，将来薛晶想要拥抱全新的生活，还有很长的路要走。

“他很爱我，我理解他”

薛晶并没有失掉对未来康复的信心和对美好生活的憧憬，但是，悄然而来的另一个更大的打击，正等待着她去承受。

她的男朋友方勇从大学时期认识薛晶后，就一直喜欢薛晶积极乐观的性格和随遇而安的生活态度。到深圳后，他和薛晶两个人过着简单忙碌却也充实快乐的生活，他们共同经历了在他乡打拼的风风雨雨，感情也越发深厚，这时候两个人开始筹划着工作几年攒点钱就结婚的事。可是，薛晶突如其来的幻听，让他开始备受困扰和压力，但他暗自告诉自己，不论什么情况，他都要陪伴在薛晶身边。为了不让家里父母担心，甚至怕他们反对他和薛晶继续交往，他瞒着在北方老家的父母，就这样一边更加努力地工作赚钱，一边默默地照看着薛晶的治疗和康复。

薛晶曾对方勇说，她想住宽敞明亮的房子。方勇心里想，只要这样能改善薛晶的心情，让她能尽快好起来，不论多么辛苦他都愿意。于是他拿出自己的积蓄，又在银行办了贷款，买了一套不算大的房子。薛晶很高兴，她期望着自己能快些恢复，将来和方勇过上平静幸福的生活。

这样，方勇便更忙了，工作、照顾薛晶、装修新家，每件事情都需要他去操心。但他从不向家里的父母说起这些，他怕父母担心，更怕父母反对他们的婚姻。不过，思子心切的父母还是急着要来深圳看儿子和未来的儿媳妇，看看他们的新家，为孩子的终身大事出点力。

事情的发展如方勇担心的一样，看到精神状态有点恍惚，偶尔也会自言自语的薛晶，家里人都很担心。他们很心疼薛晶，曾经期望的未来儿媳妇，怎么突然就得了这样的病。方勇父母这次在深圳的时间比较久，他们在思考一个纠结的决定——是否同意方勇继续和薛晶一起生活，他们的感情还是否要继续下去。他们和儿子方勇谈了很多次，父母虽然知道他们的感情很深，也知道这个时候如果决定“抛弃”薛晶，心里面会很过意不去，但父母也在担心，如果薛晶的身体状况没有好转的话，他们如何过上正常的家庭生活呢？他们心里也一时难以接受自己的孩子和一个“精神病”过日子，将来又怎么面对亲戚街坊呢？方勇虽然打小就是很孝顺很听话的孩子，但他还是不愿意在薛晶最困难的时候离开她。他也理解父母，在他们生活的环境里，人们会给“精神障碍者”贴上很多标签，以为都是会打人、胡言乱语、行为怪异的那种，他们会在街坊邻居中承受很大的社会压力，但毕竟薛晶不是那个样子的，她只是由于幻听而使部分思维意识受到了干扰，经过长期的治疗和家人、社区的支持，是能渐渐恢复的，虽然康复的时间他无法确定，但他愿意等，愿意陪伴薛晶一起走出这段艰难的日子。

后来，父母仍然劝说方勇重新考虑未来，并为他在北京找到了工作，让他卖了房子，尽可能多地给薛晶一些财产。方勇无法割舍对薛晶的责任感，他还是一如既往地照顾着薛晶。但他也无法不顾父母的劝说和反对，面对公司同事、亲戚朋友的风言风语，他也承受着巨大的心理压力。他又坚持了1年，装修好了房子，还清了贷款，坚持着每天忙碌疲惫的生活。

然而，在多方的压力下，方勇还是做出了他一开始最不愿意面对的选择，带着几年来和薛晶爱情故事的回忆，带着对深圳这个梦想开始又结束的城市的眷恋，离开深圳去了北京。他把房子卖了，留下了自己的一些积蓄给薛晶，他不愿意把这叫作“补偿”，因为他和薛晶的爱情是独一无二的，即使终究不能在一起，薛晶在他心中的记忆，也永远不能被代替。

直到今天，薛晶和妈妈并没有对方勇有过埋怨或是恨意，她们很感谢方勇那些年对薛晶的照顾。“他做得仁至义尽了，我们很感谢他，他选择离开，我们不怨他，能理解他，也能理解他的父母。”六七年过去了，柳蕙君对于方勇仍是心存感激，没有怨意。薛晶最终没有和方勇走到一起，已经不是两个人甚或两个家庭的事了，我们这个社会是否也有待于展现更多的包容性和支持呢？

“一扇不同的门”

3年，经历三次精神康复医院住院后，薛晶还是一个在深圳漂泊的没有工作、没有固定住所的“精神障碍者”。走出精神康复医院后，她仍然试着找工作，刚开始应聘时老板们问她之前在哪里上班，她说自己在精神康复医院住院，工作断断续续的，听到这些，老板们首先是惊讶，随后便是拒绝，只不过有些人是婉言拒绝，说人招满了之类的话，有些却是直接谢绝，甚至恶语相向：“精神病不待在医院看病，跑出来找什么工作！”

薛晶并没有因为这样的困境而气馁，她总是在心中激励自己还需要多加练习本领，提升职业能力，为将来的就业打好基础。她从不去抱怨这个社会的“歧视”或者“不公”，她说，“人和人之间都是平等的，没必要说谁过得好一些，谁过得差一些，我虽然生病了，但还是有我的妈妈爸爸家人朋友的陪伴，我也很幸福的，所有人都可以过得很幸福啊，就看自己怎么看待生活中的不顺利嘛，所以，我觉得没必要去评论别人的生活吧，每个人都是很好的。”妈妈柳蕙君说，虽然人生经历比女儿更多，但她也常常从女儿那里学到很多看待生活、看待社会的积极态度。

走出精神康复医院的薛晶，感受到了很大的生活压力，她不得不考虑回老家生活和康复。但是，情况并非像预想的那样顺利，踏上家乡的第一步就是那么的艰难。

薛晶在回乡的那天，刚到自己家的附近，周围的邻居就开始闲言碎语。

“得了这病可咋办呀，肯定是单位不要她了。”

“万一发疯了乱打人怎么办，一定要让自家孩子离她远点，别让她给伤着了。”

“估计是鬼缠身了，这种人身上带着晦气，要躲远点。”

…… ……

听到这些话，薛晶似乎并不太在意，她也理解大家之所以这样说，是因为对精神障碍者这个群体的了解还太少或者还不全面，并不是所有的精神障碍者都具有攻击性，像她自己，只是有幻听而已，而且现在的病情已经有了较好的恢复。所以，她也不去和邻居争吵，她想，大家以前都是挺关心自己的，现在这样说，也只是不太了解这种病吧，慢慢会好的。而妈妈柳蕙君就会在意和生气，她说：“女儿薛晶从小可爱乖巧，街坊邻居都很喜欢她，但这次回来因为生病了，大家就对她另眼相看，还是很难过，希望大家对薛晶的病多一些了解，其实一点都不可怕，不用担心的，大家对她友爱了，关心她了，才更有利于她的康复。”

还有让柳蕙君困惑和在意的，是自己的丈夫对女儿薛晶的支持太少。

柳蕙君在让薛晶回老家前，还想过一个解决办法，就是让薛晶的爸爸去深圳照顾薛晶。柳蕙君说，薛晶爸爸大自己近 10 岁，所以身体状况也不适合干体力活了，但是去照顾薛晶还是完全可以的。所以柳蕙君希望丈夫去深圳照顾女儿。她以前是小学教师，现在退休后在家经营小学生午托班，还能继续挣些积蓄。但薛晶爸爸却不同意。柳蕙君说，薛晶的爸爸小时候家境贫寒，没读过书，只是年轻时当过几年兵在部队学过一点文化。这次女儿生病后，一辈子也没听说过“精神病”的他，觉得这是特别不吉利的事情，随着薛晶的治疗逐渐需要更多的费用，他就开始不愿意出更多的钱了。后来，柳蕙君提出和丈夫离婚，即使自己已是年过六旬，丈夫也快 70 岁了，但性格坚强的柳蕙君还是做出了这样的决定。

在薛晶的心目中，还是保存着关于爸爸的很多美好记忆。薛晶说："爸爸是一个办事利落、有军人作风的人，从小很疼爱我，给我买零食和玩具。自从我生病了，爸爸也对我很照顾。后来在我妈的要求下，从家乡来到深圳陪我一起看病，一起生活了一段时间。因为我之后病情变得严重又需要治疗，我爸就带着我在最好的几个城市治病，不过后来，家里的情况有所变化，他的态度也就开始有了变化，然后爸妈就离婚了，后来的时间都是我妈带着我去治疗。"

柳蕙君说，她不想靠谁生活，她也不希望薛晶将来靠谁生活，所以希望她能尽快重新获得独立生活和工作的能力。加上在老家的各种福利保障制度还不够健全，薛晶无法享受到在深圳那样优厚完善的社会保障和服务，所以在综合考量下，薛晶又离开了老家。

那次离开家乡后，一转眼六七年过去了，薛晶至今未再回去过，她不知道自己的故乡还能否接纳她，一个只是生了点病的人。

柳蕙君带着薛晶再次回到了深圳。

薛晶还是想着尝试找工作，她不懈地努力着，四处投简历、投设计稿，仿佛对一切都充满了期待和希望。

妈妈则开始打听适合薛晶康复的托养机构，一方面她还要回老家工作，无法完全待在深圳陪伴女儿，只能趁着寒暑假午托班学生放假的时间来看望女儿，所以，她希望找一个能看护和管理薛晶服药和康复的机构，代替她的陪伴；另一方面，薛晶也需要适当地再增加一些生活和就业的技能，来适应今后要面对的正常生活。柳蕙君心里明白，女儿的病情仍然没有痊愈，幻听的症状虽然有所好转，但仍不时地会影响薛晶的正常思维和行为，女儿的病还是需要很多的家庭和社会支持，比如她还需要有人提醒她按时服药，多陪伴她以调节心情。

薛晶想去找工作的愿望经过努力还是没能实现。同时，柳蕙君也在多方打听下，了解到宝安区石岩街道有一家残疾人托养中心，运用的是引入香港的"中途宿舍"模式，这一模式正好契合了柳蕙君的照料期望和薛晶的康复要求，能让薛晶获得从精神康复医院出院后走向社会前的能力训练和生活康复照料。综合对比其他机构，这里是比较适合薛晶的。于是，妈妈陪着薛晶一起来到了这里。

薛晶说："这两扇铁门看似一样，但对我而言却是意义完全不同的。"

“我不想让‘中途’宿舍变成‘终途’”

6 年前进入托养中心时，薛晶住得并不太舒服，那时的托养中心是一栋陈旧的楼房，因为背阴而不能晒到阳光，房间内有些潮湿阴暗、空气晦滞。后来，他们搬进了现在的这一处场所，条件有了不小的改善。妈妈回忆说：“原来一进去的时候，薛晶特别想家，每天都会和家里打好几个电话，七八个电话的时候都有，后来慢慢地电话就少了。现在是适应了，1 个星期打一次电话。”

薛晶对于托养中心的生活条件并没有什么意见或抱怨，她说：“这里挺好的，人们都很单纯，互相关心，互相聊聊天说说话，人都挺好的。”在她心中更看重的，是人们互相关心互相帮助的和谐和美好，她希望这个世界能充满爱和幸福。或许这里的生活环境还有需要进一步改善的地方，但信奉“知足常乐”的薛晶，却也是过得充实和满足。

在薛晶的心中，自己只是一个生了病的人，她得的只是一种需要有人提醒自己吃药的病。后来，在“中途宿舍”的协调下，深圳残联的工作人员主动来找她宣传残疾人证办理的相关事宜。经过申请和残联审核，她最终于 2013 年办理了残疾证。经过鉴定，她被评定为精神残疾，等级为一级，也就是最严重的等级。

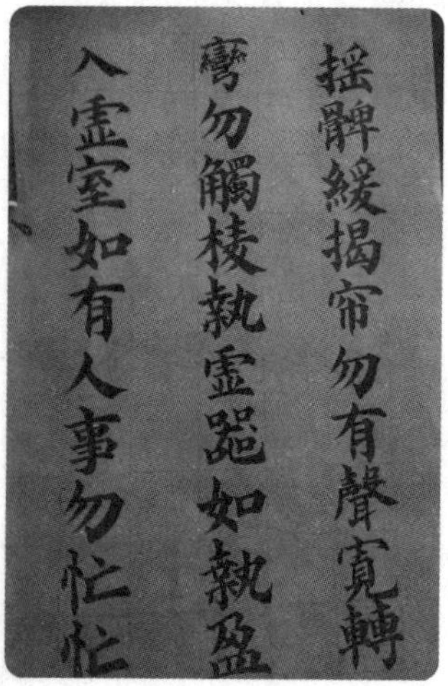

薛晶的书法习作

薛晶说，自己以前虽然在精神康复医院住过，这几年也时常在看病，但是却没有将自己和“残疾人”这个身份联系过，在她以前的观念中，有身体缺陷并且影响到劳动和生活能力的人才算是残疾人，自己只是精神问题而已。她并没有意识到，“残疾”或“残障”并不应该仅是归咎于自己身体的缺陷。其实，残障是身体的差异和社会缺乏包容性的障碍性结构共同作用的结果。对于薛晶而言，她在治疗康复上的困境，比如没有机会在社区进行系统性康复，除了家人和男朋友以外没有其他更多更好的社会支持，以及在申请到残疾人证前缺乏相应的福利政策等，都是薛晶遭遇的社会障碍。在拿到残疾人证后，薛晶获得了相应的政府福利保障政策，为她现在的康复和生活提供一些支持，毕竟自己现在并没有任何收入来源，花费都是靠妈妈一个人的退休金和办午托班的收入。但是，这样的支持还是无法解决薛晶所面临的所有问题。

为了更加深入地了解薛晶在“中途宿舍”的生活和康复状况，我们多次来到“中途宿舍”和她见面聊天，听她讲这里的人和事。

要进入薛晶住的地方，需要经过托养中心领导的同意。在办好相应的程序后，我们被这里的社工郑老师带领着走进了那一道铁门。开门的那一声“咔嚓”，对于我们是那么的沉重，像是打开了一个不同寻常的存在于“与世隔绝”的世界的大门一样，但对于薛晶，又意味着什么呢？是住了6年的“习惯了”，还是想走出去的希冀呢？

进了那道铁门，院子的中间是草坪，四周是平房，病情相对较为严重的患者，住在东侧的三人间内，便于护理人员随时观察治疗，也可防止因为病情突然发作而伤害到别人，如果出现病情异常发作等情况，会被立即控制起来，并送往精神康复医院给予治疗。南侧是可以容纳较多人的大间，这里住着病情较轻以及经过长期观察精神状态较为稳定的病员。西边一排房间是休闲活动室。

“你们来啦！我带你们去里面看看吧。”薛晶看到我们来看她，主动来门口迎接我们，或许是这里不会经常来外人吧，对于我们的到来她很高兴，并为我们介绍自己的“房间”—— 一个很大的屋子里面的一个床位。窗户向阳，所以阳光可以照进整个屋子。屋子里面可以闻到淡淡的消毒水味儿，窗户上安装了铁围栏。

我们来到院子里聊天。

“在这里面生活得还好吗？”

“这里挺好的，这里的人都很好，饭菜也不错，院长、护工都挺好的，平时我自己除了练书法，还会参加‘中途宿舍’为大家组织的兴趣课程，比如钢琴啊，合唱啊，每个月还会有养老院的老人们来这里表演节目，还有志愿者来这里和我们做游戏、聊天，所以我觉得在这里生活还是蛮好的。”

“有想过要出去生活吗？”

“有啊，可是现在不太想了，我现在在这里每天练书法、画些设计稿、和朋友们聊天，都挺好的。出去了又住得不太好，之前找工作也不太顺利，我一个人住的话，因为有幻听嘛，如果没有人监督的话，我就不能管好我自己生活的作息时间。”

“如果妈妈来深圳陪你一起生活呢？”

“那样最好了，可是我妈妈来深圳只能是租房子住，就比较贵嘛，就算将来能排到政府的公租房，那也不知道到什么时候了。另外妈妈还想在老家给我挣钱攒钱，她很辛苦。”

“现在有什么愿望吗？”

“有啊！我就想着在这里多学些东西，将来出去了，能有个挣钱的手艺，靠自己的能力吃饭。”

我们坐在院子里聊着天，院子里比较宽敞，有草坪和小树。小花在院子里乱跑，老邓在草地上唱歌，其他人在院子里晒太阳。有的人看到我们在聊天，也围了过来，看着我们，薛晶高兴地为我们介绍她在这里的好朋友，也向她的病友介绍我们——少有的专门来看望她的人，似乎大家都一样。于是我们大家就围坐在一起聊天。或许是他们在这里住了多年的缘故，每天接触的人都是身边的病友、社工、护工，所以每天都过得简单轻松、无忧无虑。

在交谈中，我感到薛晶的内心其实很矛盾：一方面，囿于对外界暂时无法融入的现状，她需要自己去习惯这里的环境，加之她随遇而安的性格，让她也认为这里“挺好的”；但另一方面，她对未来充满期盼，所以她常说，“将来出去了”就可以做很多自己想去实现的事情。

虽然这样的“等待”让她也会感到偶尔的失落，但她更愿意把每天的生活都过得轻松快乐一点，“无忧无虑”何尝不是一种难得的时刻，但她仍然想把这里的时光过得有意思一些。

这里的病人都是不会经常回家的，他们的家人偶尔会来看看，放下些食物或衣物就走了。他们的家人大多愿意出钱让他们住在这里，但不愿让其回家，只是逢年过节来这里看望一下，偶尔有一两次接回家，住一天又会送过来。这里的病人也就习惯了这样远离亲人、和病友们朝夕相处的生活，在这里的每个人的关系也就变得很近，成了能说知心话的人。

因为薛晶的老家在外省，在深圳并没有亲戚，在深圳的朋友，也多是现在深圳工作的大学同学。薛晶说，虽然朋友们平时工作忙，少有人会来托养中心看她，但大家也会打电话和微信联系，有些朋友还会过一段时间打一次电话，“比如上次有个闺密说在深圳的一些大学同学要聚会，说都挺想让我去的，我也准备好要去的，结果却因为我突然感冒了就没去，还挺遗憾的。那些朋友都挺好的，经常给我打电话”。

在“中途宿舍”待的时间太久了，薛晶觉得应该有一些自己的爱好，来充实自己的生活，让生活变得更有意义一些，同时也能为今后走向正常社会的生活铺一些路。

薛晶开始寻找自己的兴趣爱好。由于妈妈平时喜欢书法，进入“中途宿舍”后，薛晶也慢慢地开始练习书法，这既是一种打发时间的好办法，也是调节情绪和缓解幻听的好方式。柳蕙君也不无期望着这能成为薛晶今后的“吃饭手艺”。

薛晶有时也想过把写字这个爱好做成能赚钱的事情，比如到网上卖这些作品，但这个想法还是很难去实现的。她知道，她的书法作品如果不打上“精神病患者作品”的标签，是没有市场竞争力的，但如果打上那个标签，也只能博得一时的同情，又怎么能长久呢？她期望着自己的书法能真正达到一定的艺术水平，将来在市场竞争中靠实力卖出自己的作品。

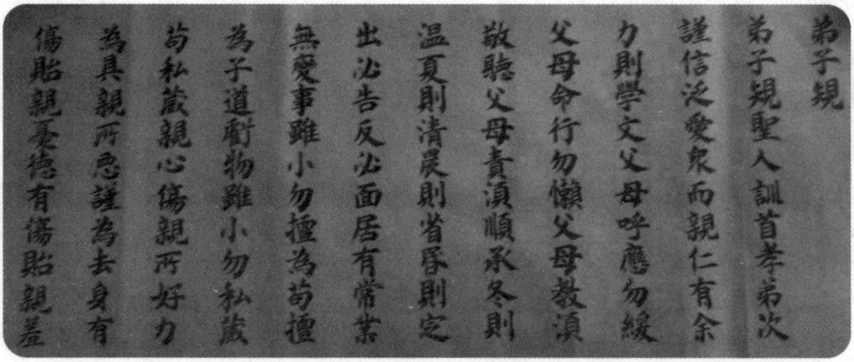

薛晶的书法习作

对于未来的就业问题，薛晶心里有时也没底。在几次失败的求职经历后，她对自己的就业期许也会缺乏信心，有时也会无奈地说一句：“将来要是找不到合适的工作，做些打扫卫生的事就好了。”

了解薛晶情况的社工郑老师说：“薛晶现在通过药物治疗，精神状况已经有了很好的恢复，只要按要求按时服药就不会影响出去找工作，但即使如此，如果她不隐瞒自己是精神障碍患者的情况，也鲜有企业愿意用她，或者说敢用她。我们谁都不想‘中途宿舍’变成‘终途宿舍’啊！”

“他们也很可爱”

在精神康复医院和托养中心这几年，薛晶见过很多有趣的朋友，他们的故事影响着薛晶，让她体会到精神障碍者也是有鲜活个性的人，他们的世界也很有趣。

大山是一位20多岁的自闭症小伙子。虽然他和别人几乎没有什么交流，但他有时也会很有心，比如薛晶生病时他会倒杯水端过来，虽然他不会说什么。薛晶很喜欢这个弟弟，每次有好吃的食物就分享给弟弟吃，看他吃东西时专注而喜悦的神情，她就很开心。薛晶说：“他并不是没有爱心，不懂得爱，他只是不知道如何表达。我多么希望他能有一天对爱的人大声说一句‘我爱你’。”

琴姐是“中途宿舍”里的一位大姐，刚进来不久。琴姐以前是一位银行会计师，丈夫也有很好的工作，女儿学业也很顺利，可就是不知道为什么突然出现了精神障碍。琴姐非常儒雅，见了人很客气，说话总是不紧不慢，面带微笑。

胖妹，也是从精神康复医院新转来“中途宿舍”的，和薛晶年龄相仿，有老公和儿子，和薛晶关系很好。她患有迫害妄想症，有时也会说些奇怪的话，但她很爱美，平时会把自己打扮得整洁漂亮，即使是在相对封闭的托养中心，她也美丽地过着每一天。薛晶也很受鼓舞，她跟胖妹学起了化妆，每天把自己收拾得整洁美丽。

薛晶说，其实并不是所有精神障碍类型都是具有攻击性的，只不过是个别失去自控意识和能力的患者，才会出现那种情况，社会对我们这个群体的误解太深了。她常说“我在‘中途宿舍’挺好的”，或许也是因为有这些伙伴的相伴吧。

令薛晶非常难忘的一件事是，深圳大学的周林刚教授在今年曾来到了“中途宿舍”，和她面对面交谈，大家一起开怀畅聊，坦诚沟通。薛晶希望今后能有更多这样的对话，她想让社会了解，他们这个群体并不像大家想象的那么神秘和恐惧，他们需要真诚的交流，他们渴望融入社会。

“我想有一间明净的房子，和妈妈一起生活”

薛晶说：“我不是病人，我只是有幻听，它困扰着我的生活，但我还是可以工作的。我觉得在这里（“中途宿舍”）挺好的，这里的人都很好，都很快乐，他们（“中途宿舍”内的病人）虽然看上去有些反应慢，但他们也很快乐啊。这里一个月政府发800元，企业挂靠费2000元，我出去打工上班，可能也就挣这么多吧，现在只能暂时住在这里，在这期间努力积攒自己的本领，等待着走出去的那一天。不过，我还是希望能有一间宽敞明净的房子，和妈妈一起生活。”

“下一个10年”，是薛晶不敢想的，是“遥遥无期”的“未来”。“妈妈总问我以后有啥打算，我常常没办法回答，我只能说把现在的每一天都过好吧，开开心心的，以后的事，会慢慢好起来的。”面对未来，薛晶的回答并没有太多的抱怨，甚至也没有那么多的无奈感，而是始终希冀着。

“我出去后想练习游泳，又能锻炼身体还能减肥，多好啊。还想学些化妆啊，养些花啊，都是挺好的事，我想尝试一下。”薛晶现在最期盼的就是每个寒暑假妈妈来到深圳的那1个月，因为这样，妈妈就可以陪在自己身边，自己也算是感受到了家的温暖。

对于未来，薛晶要走出“中途宿舍”，会有怎样的遭遇，会有怎样的困难在等待着她，她心里也不清楚，她不知道自己该如何去更好地面对这些。是更多的歧视、更多的碰壁，还是更加和谐的社会包容氛围、更加便利合理的就业环境呢？对于在精神康复医院和中途宿舍待过10年的她来说，外面的世界既精彩，又模糊不清；既充满期待，又不无迷茫。“走出去”对她究竟意味着什么？未来，或者未来10年，对自己又意味着什么呢？她有迷茫，却也很憧憬。

从2008年到2018年，薛晶已经经历了10年的精神疾病困扰，从2008年到2012年的精神康复医院住院治疗的经历，再从2012年到2018年在托养中心“中途宿舍”的生活，让她渐渐“适应”了那里的环境、氛围。这是值得欣慰的，因为这说明残障康复机构的环境在慢慢变好；这也是无可奈何的，想走出“中途宿舍”的薛晶，还有很多的路要走。或者说，还有很多路，等待着整个社会和大众去铺平。

反思笔记

在见到薛晶前，我并没有这么近距离地接触过“精神障碍者”群体。

第一次见面，我与薛晶和她的妈妈约好在深圳市区的一家麦当劳店门前碰面。在此之前，我们已经有了微信和电话的联系，薛晶的语言清晰，表达流畅，在沟通方面让我感觉不到有任何问题。见面后，她笑声爽朗，主动向我打招呼。她穿着得体整洁，高兴地向我展示她新染的金黄色的头发。她的状态很好，乐观开朗，我们自然地开始了聊天。她那开怀的笑声一直感染着我，这让我一点儿都联想不到她会与“精神障碍”有什么联系。

在交流中我了解到，她在“中途宿舍”勤奋练习书法，参加“中途宿舍”组织的艺术培训，平时乐于帮助托养中心的伙伴们。她和我聊起了很多在“中途宿舍”的故事，那里的人和事在她的描述中，是那么的有趣。我说想去那里看看，她便很热情很耐心地告诉我具体的乘车路线。她并不把自己所在的残疾人托养中心——“中途宿舍”当成一个避讳的存在，她热爱自己每天生活的地方。于是，有了我的第一次“中途宿舍”之行，以及日后的很多次。

当我走进“中途宿舍”时，大家在那里“无忧无虑”地生活着，我并没有不适应的感觉，这里也没有了先前的神秘感。他们只是一些需要特殊照料的人士，并没有攻击性，在这里按时服药，规律生活，过着简单快乐的生活。但他们也并非全无烦恼，他们的家属因为各种原因，都是比较少来看他们的，甚至大多家庭是出于“花钱买方便”的想法，把他们送到了这里。但是对于他们来说，这里的条件再好，也不能像和家人生活在一起那样，享受家庭的温暖和支持，所以，他们都很渴望回归到正常的家庭生活中、回归到正常的职业工作中。

对于自己在设计方面的才能，薛晶很自信，在大学毕业后能进入全国著名的品牌皮包设计公司，并且为公司带来骄人的业绩，就是自己设计能力的最好体现，即使生病后也仍然坚持设计画稿的练习。但是离开了公司，没有了学习新潮流的便利条件和专业的电子设计工具，让她无法再像以前那样自如便捷地绘图。在生病回到家的那段时间，她也曾积极练习设计，但她在家只能用手工绘图，再用手机拍摄画稿发送给对方，虽然她的画稿还是很有特色，初期受到了对方公司的青睐，但这样的效率和效果，极大地限制了她的能力的发挥。这样的“灵活就业”，也就好景不长。

薛晶至今也说不清“为什么就突然得了这病”，但我们却在反思，如果我们的社会、企业以及社区，能多一些对于心理疏导和心理咨询的关注，扩大心理疾病预防的人群范围，是否就能及时预防一些心理和精神方面的问题出现呢？

薛晶的妈妈柳蕙君是一位小学语文教师，辛苦了一辈子，抚养女儿成长。到女儿工作后，本想在这时彻底退休养老，却没想到女儿突然患病。她不得不在退休以后，重操旧业，办午托班，为女儿日后的生活和治疗积攒一些积蓄。她本来也想让女儿在初步康复的时候回到老家继续康复和休养，日后在家乡工作生活，但家乡较为落后的福利保障，以及人们的歧视和偏见，使得薛晶很难在原来生活的地方继续过上正常舒心的生活，她最终又被“推回”了深圳。她在深圳获得了相较于家乡更好的治疗和康复环境，这里的社会福利相对来说更优质。但是，她至今仍然走不出“中途宿舍”，有时她也“不想”走出去，其中的障碍与畏惧，有多少是她自己掌控不了而需要社会各个方面来共同面对的呢？

“他人很好，我不怪他”，薛晶“理解”男朋友方勇，接受了这个坚强的依靠在自己最困难的时候离开自己的现实，她和妈妈甚至也觉得这样的被“抛弃”是“理所应当”的。但我在想，这里面又有多少无奈呢！她只能被动地接受人们对于“精神障碍者”的污名化的标签和歧视。或许，有时候人们对于特殊人士的偏见和刻板印象也并非源于歧视或者污蔑，而仅是不了解这一群体的特点而已，正如邓朴方先生所说：“不是不理解，而是不了解；不是不人道，而是不知道。”所以，薛晶妈妈说，有些时候也不怪别人的误解，他们只是不了解这样一个群体而已。但是我们又是多么盼望人们能走近或走进这一群体的世界，去了解他们的生活状况，以此来增进了解，消除偏见。

“精神病院”，在人们的刻板印象当中，充满了恐惧、幽闭、甚至神秘的感觉，但其实那里并不神秘，也并不恐怖，他们只是一些正常思维受到干扰的人群。我们发现，“精神障碍者”在人们对于各种残障群体的刻板印象中，或许是最为深重的一类了，这些极端的“污名化”歧视，都有待于我们整个社会成员的共同努力去消除，以营造一个平等和谐的社会氛围。深圳大学周林刚教授曾在“中途宿舍”与薛晶以及那里的工作人员进行面对面的访谈，主旨即在于向人们传递一种理念，那就是精神障碍者并不可怕！或者说，精神障碍者的类型也分很多种，他们中的绝大多数都是没有攻击性的，他们需要在社会中进行正常、平等的沟通与交流。

目前，薛晶的精神疾病已经得到了有效治疗，具备了回到社会继续工作和生活的能力和条件，但她依然生活在“中途宿舍”里没有走出去。她之所以没有选择走出来，说明她想要走出“中途宿舍”，依然会面临诸多现实问题：生活的压力、就业的困境、社会偏见的困扰、情感生活的无奈等。这些都需要她一步步去经历和面对。而我们的社会又能为这样的群体提供什么样的有效支持呢？我想，在求职时，企业能多关注他们的实际才能，并且提供必要的合理便利；在生活中，用平等、友爱的态度与他们相处，这些细微的支持，都能为他们融入正常的社会生活带来更多的安全感和融入感。

我诚切地盼望薛晶能早日走出“中途宿舍”，步入她期望的生活和工作环境中，开启她全新的人生！每一个生命的个体都是宝贵的、独一无二的，他们都有自由和权利经过努力而获得幸福，我们的社会也应该为这些追求美好生活的人们，提供一个舞台，让他们在这样的氛围和平台上快乐地追求、自由地展现自己生命的价值！

（应访谈对象要求，本文中的人物姓名均使用化名）

潘叔：世界以痛吻我，我欲报之以歌

方文清[①]

我的身体虽然不自由，但我的心是自由的。且让我的心超脱我的躯体走向人群，与他人一起，同享美丽的人生！

——海伦·凯勒《假如给我三天光明》

在和残疾人朋友接触之前，我对他们的生活是未知的，我也担心在交往中自己的一个动作，一句话，一个不经意的眼神，就会让对方不舒服。正式访谈前，我去到深圳市的黑暗体验馆进行了接近3小时的黑暗体验活动，活动全程，视觉被触觉、听觉、嗅觉所取代，我在没有光源的环境里，完成一项项挑战：辨认物品、过马路、写信寄信、购买水果……从一开始的害怕，小心翼翼，到后面的借助盲杖在盲道上放心行走。在黑暗中喝到了导赏员磨好的咖啡，感受了视障朋友的一些日常。原来，和我们并没有什么两样。

潘叔，是一个很有温度的人。我一开始担心过他是特意把好的一面呈现给我看，但是随着访谈的深入，与职康中心的阿姨们交流，我发现我的担心纯属庸人自扰。我吃过潘叔做的菜，听过潘叔唱歌，坐过他驾驶的摩托车……

——题记

① 方文清，女，深圳大学心理与社会学院社会工作专业在读研究生。

初见，欢喜

肢体的残缺往往不仅仅是物理意义上的，大多时候造成的心灵伤害是更严重的。怕同情，怕歧视，怕不被接纳。当我尝试分别与四位访谈候选人取得联系时，前三位都直接表示拒绝，我抱着渺茫的希望联络了最后一位——潘叔，结果，他同意了。我按照约定时间来到了宝安区福永街道残疾人综合（职业）康复服务中心（后简称“职康中心”）。绕过养老院，来到后方一排建筑前。这是一幢五层高楼，一楼中间的柱子上挂着“深圳市宝安区福永街道残疾人综合（职业）康复服务中心”的牌匾。潘叔已经在房间外等我。

眼前的这个男人，头发已然全白，穿着一件橘黄色的短袖，一条宽松的牛仔裤，右腿膝盖以下依稀可见未发育好的小腿，拄着拐杖靠在窗边。看我走过来，他眼里满是笑意。

转身引领我走进康乐室的时候，他直截了当地说了一句话：“如果不是因为事先确认了你的身份，我是绝不会见你的哟！”在后来的访谈中，得知他事先和宝安区残疾人联合会的工作人员确认过此事，而我正好在这之后和他取得联系，所以得到了他肯定的答复。

潘叔今年58岁，是深圳市宝安区福永街道人，属于肢体三级残疾，现在会熟练使用拐杖，会驾驶摩托车、小车、大货车等，会游泳，会打羽毛球，拿手歌曲来自Beyond。

挥向对方的拐，有了你们，我“抬不起了”

潘叔家里兄弟姊妹五个，一个大哥，一个大姐，一个弟弟和一个妹妹，潘叔藏在中间。潘叔小时候，父亲在沙井公社工作，纪律要求很严格，不允许无故早退逃课，对于他在学校有没有受欺负这些事情不怎么关心。“其实我那时候很渴望被爱，但父母在这方面没有满足我。我虽是男孩儿，但由于我的残疾，父母一直不看好我，偏爱大哥，因为大哥四肢健全，没有缺陷，以后可以成为父亲的接班人，所以父母一直对大哥的成长给予更多的关注和关爱。”

到了学龄阶段，潘叔也和其他小朋友一样背起书包去上学了。一开始是没有拄拐杖的，后来因为行走不便，有了人生中第一副拐杖，双拐是全木的，手握那里经过简单的打磨处理，使用起来才没有那么硌手，但是使用一段时间后，木质拐杖的磨损会比较严重，还得随着那时候潘叔身高的变化做一些高度的调整。“我一开始掌握不好节奏，用拐杖也走不稳走不快，摇摇晃晃的，走路样子也很难看，更不用说上楼梯了，一双手被磨得起泡，然后泡又磨烂，一碰就很疼，但是我没有想过要丢掉它，现在这么多年了，拐杖倒是换了几副，现在的它，像我的伙伴一般。”虽听到的是多年后这样一段轻描淡写的叙述，但我想，与拐杖“认亲”阶段的疼痛感，于潘叔而言定是刻骨铭心的。

因为身体的残障，潘叔上学一开始是胆战心惊的。“放学后，我通常会等一部分人先走了再走，因为不想让其他人看见我的走路姿势。通过那种一排排房子旁边时，我很怕大的小孩藏在某处，突然跳出来，恐吓或者打我。尽管已经如此小心翼翼，我还是没有少给别人欺负，有扔石子儿的，有学走路的，有遭受尖着嗓子语言攻击的。有一次我远远地就看见前方有几个大一点的小孩儿在模仿我走路，并且还发出笑声，这让我很难受。走到他们旁边的时候，他们的嘲笑行为丝毫没有收敛。于是我一拐挥过去……”从此以后，潘叔学生时代被欺负的事情再也没有发生，那些高年级学生看见他都躲得远远的。

20 世纪 80 年代末，潘叔和妻子经人介绍认识，从相识、恋爱到结婚，一直很顺利。小时候成长在多个孩子家庭的潘叔，更加懂得怎么样去平衡对两个孩子的爱。一双儿女在父爱的庇佑下长大，未曾感觉被父亲忽视过。要是非说有什么遗憾，那就是从小到大，儿子和女儿上学阶段的重要时刻，家校活动、家长交流会等，潘叔只出席过一次，那一次是儿子五年级的时候，孩子的母亲实在没空去参加，潘叔才自己去的。学校离家就 300 多米，和孩子们的老师也都认识，这么一小段距离，怎么会不想去呢？但是必须考虑到孩子们的感受。随着年龄的增长，他们开始关注自己的自尊心，同时潘叔十分清楚闲言碎语可能会给孩子带来的伤害。他曾经是那样勇敢地正面回应欺负他的大小孩，如今却再也抬不起拐杖，挥向说着闲言碎语的孩子的同学。曾在路边等过一次孩子，结果孩子的同学看到了，就在那里说着难听的话，还告诉潘叔的孩子他的爸爸不健全，和别人不一样。从此以后，潘叔不再去学校。

“其实父母见证不了孩子成长阶段的重要时刻，是会有遗憾的，他们都有苦衷，做孩子的，一定要明白这一点，多理解和包容自己的父母。”那事之后，潘叔自己选择了不去学校，不与孩子同行。这种做法或许多数人能够理解，但是其中辛酸，估计也只有潘叔自己最有深刻体会。试想，家校活动的时候，毕业典礼的时候，孩子只有左手边或者右手边可以触及母亲的手，另一边总是空缺。学校活动的照片，永远少了父亲的身影。而在家中的潘叔，手里可能做着事情，但是心里想的念的，都是孩子幸福时刻的笑脸。潘叔说，孩子永远也体会不了父母想做一件事情但是又不能做的痛，如果可以，他愿意不采取这样的方式“保护”孩子的自尊，而是毫不犹豫地与孩子并肩，给拿着毕业证书的孩子一个大大的拥抱，递上一束鲜花或是一份神秘礼物，说上一句“恭喜你，毕业了”，然后一家人对着镜头甜甜地笑，愉快地拍照，此刻是属于一位父亲的骄傲。但是接下来，他却说自己不能够这样“自私”，乐观豁达的潘叔居然用了“自私”这个词！想做而不能做是一种隐忍，可是为了孩子，还有什么不能承受呢？潘叔平时省吃俭用，却在自己的能力范围内给予儿子女儿最好的一切。儿子结婚，买房买车及婚礼花费，几乎花掉潘叔半生积蓄；女儿恋爱，潘叔认真把关，了解男方情况的速度快赶上女儿，但又要顾及女儿的感受，了解工作只能“偷偷”进行，只因担心女儿嫁过去受委屈。这样一个为儿女操心大半辈子，头发已全白的“幕后人员”红着眼睛告诉我这样一句话：“父母大多在等着你们说谢谢，你们千万不要等着父母说对不起！”

我一直相信，拼才有赢的可能

小学时每周有两节劳动课，是全班同学一起出去劳动的时间，去开山辟壤，种甘蔗、红薯、木薯，等等，潘叔和其他同学一样做着相同的事情，并没有因为自己身体不方便就享受特殊待遇。农忙收割季节下午还要提前一节课下田捡麦穗（成熟的小麦在收割时会有部分麦穗断掉，需要及时捡起来，否则麦粒会脱落在田里，不便捡起）。小时候拄的是双木拐，下田之后容易陷进泥里，陷进去就走不了，需要费些力气才可以拔出来，所以行动或多或少有些受影响。但是潘叔从小就是不服输的孩子，哪会有难得住他的难题呢？稳定左脚，然后先抽出右拐，等右拐抽出立稳后，再抽出左拐，动作一气呵成。

潘叔从很小的时候就表现出了对生活的不服输，他接纳了自己的身体，在家中也和其他家庭成员一样，分担着家庭事务。那几年潘叔妈妈身体不太好，所以在生产队被安排了放牛。星期六下午不上课，潘叔就帮家里放牛，牛都是生产队的，潘叔家管三头。以前福永都是山岗，青草漫山遍野，一望无际。潘叔那时候也很享受和几个伙伴一起放牛的时光。有时是坐在草地上拿出一本小书看着，有时也会把牛拴在一边，和伙伴一起跑到远一点的地方去玩，更多时候会去山那边唱歌。到冬天鲜草凋零，潘叔就喂牛吃草料，甘蔗叶是牛的最爱。那时评分决定收入，10 分最高。放牛是 8 分，所以潘叔放牛的收入或多或少也可以缓解一些家里的困难，年末村里有一些分红，但是这微薄的收入对于一个七口之家来说还是难免捉襟见肘。读书的学费是一块五，但是因为一点点收入要养活全家老小，而几个孩子都上学，所以到缴学费的时候，家里经常拿不出钱。

潘叔的表情变得很凝重，他拿出了过滤烟嘴，用纸缓缓地一下下擦干净，随后走到屋外无人的空旷地方，半靠在柱子上。之前他跟我讲过，他现在的身体状况，不能久站。点燃一支烟，深吸一口，顿了顿，说了一句："品过那时的苦，方知现在的甜。现在读书条件好太多了，但是很多孩子还是不好好学习。现在吃不了学习的苦，以后又受不了工作的累，这可如何是好呀。"

一九七几年，因为没有得到继续读高中的名额，又不知道该做什么，正好父亲在沙井工作，于是潘叔去学了竹编。自己很能吃苦耐劳，师傅讲了一遍，潘叔就可以按照师傅讲的做个八成了，不确定的会再问，学手艺速度真的很快，第一个月发了十八块工资，在当时属于很高的。后来那边大领导说潘叔是农村过来的，不是工人户口，不能够享受这个待遇，但是潘叔明确和对方说明，自己不可能给他做事还要倒给钱。后经过协商，每个月就只发九块钱给潘叔了。而这九块钱还不够生活费。潘叔常常是四两米吃完，两三小时后又饿了，而且不但饿了没得吃，还得继续干活儿，挣的钱还有一部分要贴补家用。那可是男生长个儿的关键时间啊，饱一顿饿一顿的艰苦岁月，潘叔就这样坚持过来了。

1979 年，深圳被画进了那个圈，次年正式被批准成为经济特区，一幢幢高楼如雨后春笋般拔地而起。父亲的一个朋友投身建筑行业，组建了一支建筑队，初次见到潘叔时，他犹豫了，他再三打量这位需要借助拐杖站立的年轻人，眼神里透露着不信任。碍于情面，最后还是勉强将潘叔留下来了。而后潘叔通过自己的努力，把工作做得很好，凭此赢得了尊重。没多久，潘叔手下就带了几个工人。"我力气很大，拇指粗细的钢筋，我可以把它搞成任何一种需要的形状。那时候是用锤子敲，不是现在的机械化操作，滋滋滋几声就切割搞定。要是没有对准的话，一锤子砸下去，开花的就是手指。”说到这儿，坐在沙发上的潘叔略微起身，没有借助任何工具，却很生动地给我演示了当时他们是怎么轧钢筋的。一把，一拧，一把，一拧，喊着口号，做着相对应的动作。那种画面仿佛就清晰浮现在我的眼前。对比之下，以前潘叔自己带工人打个孔要打几天，现在十多分钟就搞定。毕竟那时做什么都是靠人力。轧钢筋跟的那个师傅后来偷渡去香港，没有人继续当师傅，而潘叔看得懂建筑图纸，自然而然承担起了重任。搞建筑也算分，潘叔是六分五，一分两毛钱，因此那时候潘叔的工资是一天一块三毛，等升到九分的时候就没干了。开始跟着包工头打零工，十块钱一天，管吃，还有烟抽，是那时候很高的价格。到了 80 年代末，有很多外地包工头过来，带着外地人开始大量涌入深圳搞建设，他们提供廉价的劳动力，因此成为建筑队的新宠，潘叔的生意慢慢地就少了。后来就离开了这一行。

1986 年，父亲单位配了一辆嘉陵 54 的摩托车，引发了潘叔对于修理的兴趣。适逢一位香港的老板，“我开始跟着他学电焊，在别处学手艺，老板不会发工资，但是这个老板不仅教会我手艺，还给我发工资。那时候一并学会了修自行车，但都是帮别人打工，不是自己当老板”。

20 世纪 90 年代初，趁着深圳迅速发展的东风，潘叔和妹妹一家合买了一辆大车跑货运，聘请妹夫开车，给他工资。跑货运的主要订单，是帮工厂运输纸板纸箱，生意总体还算不错，攒了一些钱。后来修房子钱还是不够，就把车钱折算给妹妹，把这些钱拿来修房子。“修房子是由自己之前带的三个徒弟帮忙的。我带他们的时候就一再强调让他们一定要认真做事。那种技术活要精确到厘米，多了半截，少了一块儿都是绝对不行的。谁知有一天砸墙的时候，不知道怎么回事，那人从中间砸。”数次敲击之后，潘叔从旁边看到那栋房子的一面墙在摇晃，来不及想其他的，大声喊着：“快跑开，走开啊，墙要倒了！”人刚走远，顷刻间，墙就倒了。潘叔的拖拉机被砸坏了。潘叔说：“拖拉机砸坏了可以修嘛，修不好卖了废铁处理就好了，损失一个拖拉机也没什么，只要工友没事就好。不然家里倒一人，这家子日子怎么过啊！”

紧接着，潘叔告诉我，以前沙井公社全部是农村，福永街道以前是农场，种着各类水果。现在职康中心所在位置也不是敬老院，而是公社的办公室。在公社外面，就像影视作品中描写的那样，那些很大字的标语十分常见。世纪之交时的福永，变化速度实为惊人，改革开放之后搞建设，填鱼塘要买土，一两块钱一立方的土，需要到处去找。许多山岗先后被移平，很多村都是这

青年时代的潘叔，摄于20世纪90年代

样被挖出来的，工厂如雨后春笋般修建起来。看着别人开工厂那么赚钱，潘叔自己心里也痒痒。“我那时候本来是想去村里找工厂挂职厂长的，但是对方不要我，那我就自己干。”2000年，潘叔和两位朋友一起，在桥头开了一个工厂，工厂有100人左右，但是潘叔不负责工厂的管理运营。工厂是代做产品加工，工人工资是360元1个月，做了1年，后来因为屡次订单检验不合格而交不了货，损失惨重，也尝试了去贷款追加投入，重复生产加工，但是解决不了根本性问题，无奈之下就没做了，清算了一下，总共亏了10多万元。

2006年4月26日，残疾人招聘大会现场，潘叔带了30个有劳动能力的残疾人去面试招聘，得到了在一家爱心工厂挂职的机会，工厂包接包送，残友们去就是做一些简单的手工。残友们是1000元一个月，潘叔是1500元一个月。这个工厂以前是炼铜的，收废铜回来提炼，做成水线（避免触电的绝缘体）。可不久之后，这个老板开始在以前工厂的地上建房子，总共20多层，做小产权一间间卖给别人，后来曝出属于违建，现在房子已经被封，政府在做收尾工作，即补贴购房者，让他们搬走，同时追捕这个老板。最终挂职的事情也难以继续。

目前潘叔依然坚持做着一件件“闲事”。例如，为残友申请办理工商执照，申请免税和帮助残友开店，等等。“我经常过来找潘叔喝茶，和他聊聊天，有些事情也会征求他的意见。”一位宝安区福永街道综合（职业）康复服务中心专职管理员这样告诉我。潘叔去年带领大家去街道那边申请了美食节的摊位。一些会做糖水和其他广东特色小吃的会员开始了准备工作。潘叔不做美食，但是他会帮忙拿货，跑来跑去忙活着，全是义务帮忙，他就想通过这种方式，让这些会员增加一些收入，缓解经济上的紧张。奈何天公不作美，美食节还没有正式开始，狂风暴雨就把美食节会场的巨型 LED 大屏幕都吹倒了，据说主办方亏了 100 多万元。会员们前期买材料（打包盒、食材等），最多的亏了好几千块钱。不过潘叔表示以后要是有这类似的活动，还是会继续申请参加。很多事情都得去试试看，做最好最充分的准备，同时也要有敢于接受最坏结果的勇气。

这样的潘叔

潘叔是一个坚持不懈的人。潘叔当选宝安区福永街道的残疾人代表时，在其位谋其职，“那时候宝安区残联没有什么经费，什么都做不了。我先后去过很多公司和工厂，去申请资金举办活动，吃过很多闭门羹，也遭遇很多的冷嘲热讽，像是在‘乞讨’一般。但是我一直坚持，一次不行就去第二次，后来一些活动的举办已不成问题”。

职康中心的厨房建好几年都没有投入使用，因为前期投入需要不少钱，经费从哪里来无疑是个大问题。那些大型的烹饪器具，如锅灶、消毒大碗柜等，动不动就是上万块一台。潘叔向宝安区残联相关部门提出申请，电话不知道打了多少通，也不知道多少次拄着拐杖出现在宝安区残联。2012 年终于批下来了。现在会员 1 个月（每周一到周五）午饭是缴费 50 元，加早饭就是 70 元。潘叔说：“你看啊，我们所有人交的钱还不够支付一个食堂工作人员的工资呢，都是政府补贴很多钱，所以这一点真的是非常感谢政府的。现在，采购物资什么的，都有专人负责，这样买回来的食材我们也吃得放心。现在我们每天中午基本上都是四菜一汤，荤素搭配，还有饭后水果。有需要的会员还可以周一到周五每天在食堂总共吃上两顿，减少了很大一笔生活开支。”

潘叔是一个非常严格的人。“他们说我看起来很凶，其实我也这样觉得……”潘叔打趣道。就监督会员就餐这事来说，他不允许职康中心的会员们，吃了还要打包回去，以至后面来吃饭的人没有饭菜可吃。于是潘叔一如既往地坚持做着最简单的事情——看着会员们就餐，每次等大家都吃完了自己再打饭，一天也不懈怠。潘叔说："职康中心的食堂，实行一人一餐制，虽说大家的基本生活都没了问题，但是若没有人监督，就总是会有人不遵守规则，他们才不会管你后面的人有没有吃的呢，食堂大姐的提醒是不会管用的，所以我就站了出来，做了这么一件小事。"只见潘叔走进厨房，利落地站到了食堂的一个大秤上，和大家交代着什么，然后就在那里看着大家有序地打饭、打菜。大家也非常有序地在座位上吃饭。厨房的用餐区面积不算太大，木质的桌椅，坐得下 36 个人。潘叔看到一个女孩子打了很多饭和菜，只吃了一点点，剩下很多端去倒掉，他会直接问她："吃不了就少打一点，为什么要浪费这么多?"潘叔很讨厌浪费。他自己会把饭菜都吃得很干净。这时候食堂的阿姨告诉潘叔，谁自己吃了又偷偷打包带走，提醒也不听。潘叔有些生气了，对大家说："为什么提醒这么多次了还是会有人这样，后面开完会来的工作人员，你让人家吃什么呢?"

潘叔也很平易近人。数次访谈过程中，好几回碰见一个男孩来康乐室午休。直到有一回，我发现潘叔在用手语和这个男孩沟通。潘叔说，这个男孩子刚来这里的时候，害怕每一个人，日子长了，这种害怕才渐渐缓解。以前自己也不懂手语，后来特意去学习了一些基本的，方便和这个孩子交流。

潘叔在活动室和几位朋友一起打扑克那次，看见我出现在门口时，他不好意思地笑起来，手不那么自然地放到了桌子下面，就像一个犯错的学生被老师抓了个现行。没过一会儿，潘叔出来了，跟我道歉说："实在是不好意思，说好的访谈时间耽误了一会儿，大家在一起玩牌，图个开心。我平时真没有看上去那么凶的，但是在职康中心要做一些事情，基本的严肃必须要有，不然别人根本不会理我，又拿什么来服众呢?"

结束访谈的时候，潘叔送我去宝安区福永街道福永地铁站坐车，一路上潘叔都会和熟人打招呼，那些叔叔阿姨见到潘叔也会问候。"有空来找我饮茶啊!""好啊，一定一定!"

我已做"大哥荣"很多年

潘叔会把每件事都做得很好，参加各种培训也不例外，烹饪、木刻、书法、绘画、西点，等等。

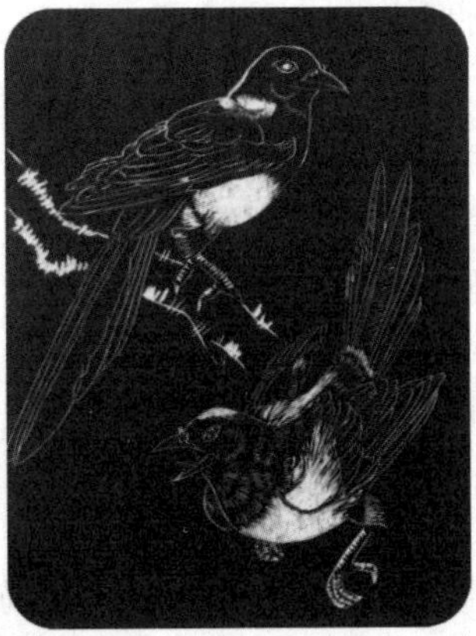

潘叔木刻作品，
摄于2018年6月

潘叔介绍说："这些短期的项目是针对所有学员免费开放的，一次就是十多二十人，因为场地有限，坐不下。会员有60人左右，所以会按批次进行。第一期没有报上名，第二期还可以参加。每人参加，一次（1天）补贴30元钱。学员的优秀作品可以放在义卖店进行售卖。标价、调价等可以协商，义卖店是为他们的作品提供销售平台，就是以这样的方式鼓励会员们多一些创收增收的渠道。"义卖店就在养老院大门的右边，每个月有固定的义卖集市日。我和潘叔一起参观了义卖店，负责人反映现在的经营状况欠佳，前些年购买作品的人很多，钻石画、丝网花和十字绣、木刻作品都很好卖，现在市面上这些东西多了，就相对价格来说，残疾人完成的作品价格偏高，有的人不会买。以前很畅销的作品，现在挂到义卖店，数次降低价格之后还是卖不出去，于是就会撤下来，换上其他的。这样就导致那一部分残友少了一些收入。潘叔说："其实这边一直也在寻找新的售卖方式，需要那么一个平台，可以把想通过购买残疾人手工作品做公益的慈善人和销售渠道实行对接，可行的话，残友可以根据对方需要进行创作。不过遗憾的是，这个链接还没有实现，希望在不久的将来它成为现实。"

一次访谈过程中，潘叔让我和他一起下去走走，院长邀请他逛逛。原来是商量移栽树木的事情。潘叔告诉我，因为养老院的消防检查没过关，路面太窄，消防车过不了，所以得扩宽道路。看着草地被挖掘机挖得坑坑洼洼，大树的根被砍断，潘叔跟我说他很痛心，树木也有生命，好不容易长到这么大。关键是没有地方可以移栽种下它。潘叔逛完一圈后，院长说移栽到门口右侧空地，潘叔不同意，树还会继续长高，那里位置太有限了，也不能充分吸收阳光。随后，潘叔拄着拐杖，走到职康中心外面的草地上，一步步走，算着大概的距离，最后指着中间的空地问院长说，种在这里可不可以。院长说不行，因为那边多了这棵高的桂花树不好看。潘叔心想，这棵树到底可以栽在哪里呢？

“原谅我这一生不羁放纵爱自由，哪会怕有一天会跌倒……”还没走进康乐室，养老院院长就跟我说，“你听，潘叔在唱歌呢，他从年轻的时候就唱Beyond的歌，我们都不需要看见人，一听这声音，就知道是他在唱。肯定是在为比赛做准备呢！”

潘叔和职康中心、敬老院工作人员以及会员们关系都非常好，甚至他不在的时候是谁喝了他的茶，他都了然于心。那些阿姨们互相说笑取闹，都会找到潘叔做“裁断”，但最后都是“相逢一笑泯恩仇”。每次阿姨们说着他的“坏话”，潘叔会三步并作两步，快速地跑过去，做着要打阿姨们的样子，脸上却是非常温暖的笑容。

几乎每次见到潘叔，他都在喝茶。其中一次去到职康中心访谈的时候，潘叔正好和敬老院院长在谈事情，潘叔泡好一壶茶，让我拿去二楼小厨房给阿姨们喝，顺便可以帮忙做饼。这是一种广东特色美食。厨房里一共有七八人，阿姨们分工合作，剪叶，揉面，洗桑叶，井然有序。粉团之所以是绿色的，是因为加了一种叫作鸡屎藤的草的汁液，这种草具有排毒养颜的功效。粉是一般的糯米粉，里面加了糖、花生米、芝麻、核桃。分好的粉团放在桑叶上，会有阿姨顺着粉团的外沿进行修剪，圆圆的，可爱得紧。好几个很大的簸箕上已经放满了。很快，我和阿姨的一盆粉团变化成了一个个就要上锅蒸的饼。

阿姨说，一大锅蒸熟得大火15分钟左右。但是现在已经有起锅的了，所以让我趁热尝尝看。我跑过去看见一簸箕的饼，闻起来好香啊！熟了的饼不再是墨绿色的，而是深紫色的，我拿起一个咬一口，Q弹软糯。阿姨们看我吃得那么开心，脸上洋溢着幸福的笑容。接着，其中一个阿姨递给了我一个小饭盒，里面放着三个饼：“来，给你潘叔带上去，他可喜欢吃了呢，让他趁热吃。”接过饭盒的我，感受着饼在我手里的温度，不禁想，这何尝不是阿姨们对“大哥荣”的一种认可呢！

2012年的时候，宝安区残联发放残疾人专用摩托车。摩托车上挂着大红花，潘叔坐在车上，笑得很开心。这一幕被记录下来，笑脸照片登上了某杂志的封面，现在过去6年多了，一直是潘叔的微信头像，有些可惜的是这本杂志的样刊找不到了。潘叔自己没有专门学过骑摩托车，“我会骑是因为之前学过修理，摩托车构造都很清楚，别看我只有一条腿，那时候大车小车我都会开，也开过。所以，我没有给自己设限。学习技能真的很快。但是我也发现一个问题，很多地方现在都没有专门为残疾人专用摩托车设置停车位，有的地方有是有，但是数量也不是很够，停车有时候不方便。而我的摩托车就把它放在自家门口，那儿比较宽敞，也不会碍着别人出行，但其他人的我就不知道是怎么解决的了”。

说了这么多，大家肯定以为潘叔在职康中心任职吧。其实，潘叔既不是正式的委员，也不是职康中心的管理者。之前有一个记者说要采访潘叔，结果得知潘叔没有职位后，从此杳无音讯。潘叔感叹：“还真有比我自己更在乎我身份的人呀！职康中心每个辖区的一位专职委员的流动性不算大，派来的社工因为种种原因会经常换，这些社工都是年轻人，他们对于薪资待遇方面还是会作为重点去考虑，目前职康中心社工的工资不算高，有更好的工作机会他们就辞职了，然后又会有新的社工进到职康中心。其实换人对工作多少是有影响的，因为交接工作需要一个过程，而在这个过程中，还有其他工作要开展，所以如果工作上有不对的地方我都会指出来，中肯的建议他们都会听取。例如帮助残疾人申请和更新辅具，采购物资，等等，他们解决不了的问题，我会想办法帮他们解决。因为自从宝安区福永街道残疾人综合（职业）康复服务中心成立以来，我就在这边了。加上之前我做过宝安区福永街道的残疾人代表，为大家做过一些事，我一直的理念就是要秉承良心做事情，做这些事出发点不是为自己。这样一来二去，大家有事情需要帮忙也愿意找我。于是我在职康中心有了一个绰号，叫作‘大哥荣’。在这里这么些年，看到了一批又一批年轻人来了又走，但凡在任职期间，工作上的事情，我能够帮他们的都会帮。我们都为残疾人工作的发展而开心，为残友们的生活状况逐渐变好而高兴。政府对残疾人的福利政策也在逐步完善，看着社会各界对残疾人越来越好，我很感恩，很高兴。”潘叔虽然右腿残疾，但是整个成长过程中并没有受到歧视，也因为自己足够努力，没有被别人看不起。至于他的生活，都是靠他自己努力创造的。也没少吃各种苦，但就是因为这些经历，让他更想在衣食无忧之后为大家做点什么。会一直坚持做“大哥荣”，是因为“就想看着大家越来越好”。“有的事情，不是自己站出来，也应该有人站出来，我只要站好我自己的位置，起一个协助的作用，别人就会比较容易接受，因为我们都有一个目标，那就是为残友服务。”就连敬老院的院长都忍不住说：

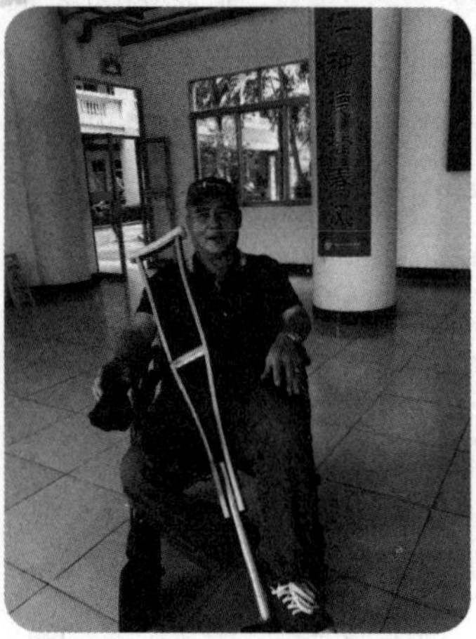

潘叔生活照，摄于2018年10月

“他仿佛比专职管理员更把残友的事儿放心上。”

现在潘叔周一到周五都去职康中心，周末一般在家，打游戏，斗地主，等等。自己一人住，平时吃饭啥的也简单方便。现在也不喜欢外出，偶尔钓钓鱼，外出旅游一次，倒也把日子过得简单又丰富。然而他最喜欢的，还是和朋友一起喝茶聊天。58岁的他，精神状态非常好，还常打趣说：“别人看我头发的话，以为我七八十岁了，那是别人不会看。我觉得自己就活得很开心，看得开。愁眉苦脸肯定不好过啊，白头发算什么，现在年轻人很多都有白头发的啊，说明不了什么。不过现在年轻人在深圳真的压力大，坐车、吃饭都是带跑的那种。别看我比别人少一条腿，但是我一个人可以抵得上两个人干活做事。别人做事情或许拖拖拉拉，慢吞吞，得过且过，而在我的字典里，没有放弃和偷懒两个词。”

后　记

史铁生曾说，“生命就是这样一个过程，一个不断超越自身局限的过程，这就是命运，任何人都是一样，在这过程中我们遭遇痛苦、超越局限，从而感受幸福。所以一切人都是平等的，我们毫不特殊”。

“与潘叔的9次访谈，过程令我非常愉快。我们会在固定的时间地点见面。每次访谈前，我会提前一天和潘叔进行时间上的再确认。访谈中，我会时常就要谈论的话题进行自我披露。潘叔讲话的时候，我很注意用心聆听。

潘叔对我很信任，会主动找话题与我聊天，他也会告诉我一些为人处世的道理。与乐观开朗的潘叔相识，真的让我获益匪浅。”

（写于第九次访谈后）

福永街道综合（职业）康复服务中心简介

为贯彻落实市残联《印发〈关于进一步加强街道综合（职业）康复中心建设的建议的通知〉》（深残发〔2007〕32号）文件精神，实现“人人享有康复服务”的总体目标，在街道党工委、办事处的重视下和深圳市残联、宝安区残联的支持下，福永街道残疾人综合（职业）康复服务中心（以下简称“福永职康中心”）依托福永敬老院于2008年1月23日建设成立。

宝安区福永街道是深圳市的西北门户，总面积37.6平方公里，下辖7个社区，目前共有户籍持证残疾人191人，其中肢体残疾人77人、智力残疾人30人、精神残疾人54人、视力残疾人6人、听力残疾人9人、言语残疾人3人、多重残疾人7人、军残5人。福永职康中心成立于2008年1月23日，以福永敬老院为依托建设成立，并于2010年12月建设成立福永残疾人服务中心，进一步扩大了职康中心阵地，完善了残疾人康复服务体系，为福永职康中心服务工作推向新台阶。中心建筑面积1600平方米，设立了庇护工厂、计算机室、心理咨询室、多功能活动室、图书室及康乐室、特殊教育室、家居训练室、家属资源中心、体能室等功能室。

依托街道残疾人综合（职业）康复服务中心，接收、安排有康复需求的残疾人士开展社会适应能力训练和职业技能以及文体娱乐活动，同时为精神病人提供医疗监护和心理康复服务。

反思笔记

一、写作前

数次访谈之后我才开始写作这个故事。潘叔他没有事业上轰轰烈烈的成功，没有太多可歌可泣的人生经历，但是他却认认真真过完了自己的前半生，在一些不良爱好对生活造成了影响之后，他可以做到及时止损，而不是深陷其中。在解决了自己的温饱问题之后，不是贪图安逸享乐，而是以某种方式回馈社会，服务大众。就像文章的题目——《潘叔：世界以痛吻我，我欲报之以歌》一般。他做的事情可以说大，也可以说小。大的话，就是他带领残友挂职工厂 6 年，这种就业在 21 世纪初的时候是一种保障性就业，一个月 1000 多的工资不算多，但是解决基本生活是没问题的，那么受惠的就是这么多个家庭！小的话，就是自 2012 年职康中心食堂投入使用以来，每周一到周五，他都监督会员就餐，维持秩序，没有酬劳，全年工作日无休。试问多少人可以做到如此？

二、访谈过程中

（一）勾起的回忆

听潘叔讲述小时候被大孩子欺负的事，让我回想到了以前。小学放学回家要经过其他村。有一户人家的叔叔，右手应该是因为受伤留下了残疾，他经常光着上身站在路边，看着这些孩子上学放学，也不说话。就在差不多一个固定的地方站着，他的右手不能够正常活动，只能手指向下一个动作，还伴有一些轻微的颤抖，为了让它不抖得那么厉害，这个叔叔会把两手交叉竖放在胸前，呈现一个“叉”字状。同龄小伙伴当中，有的一看见他在前面就绕路走，或者是冲他扮鬼脸，或者是骂几句然后跑掉。我虽然不是这其中的一员，但是我属于沉默者，我就这样看着它一次次发生，没有勇气站出来，制止并告诉他们这是不对的做法。我相当于也是“帮凶”。现在想起来，那时候的自己太不勇敢了。其实这个叔叔从来没有吓过我们，也没有凶过我们。有时候看着我们一群人打打闹闹回家，他嘴角会浮现一丝微笑，应该是想起一些快乐的回忆了吧。而我们，连基本的温柔都没有给过他。

多数的他们和我们一样，有着自己的工作、家庭、兴趣爱好，也是一日三餐，一年四季这样过；他们和我们也不一样，比起他们，我们四肢健全，完成某项动作，学习某种技能是多么容易的事情，但是一部分的我们却以这样难，那样难为借口，不去付诸实践，反观一部分的他们，乐观积极地利用“上帝为他们关上门之后开的那扇窗”，去实现自我的价值。

（二）发现的问题

我注意到康乐室里面有几件大型运动器材，访谈这么多次，见几乎没有人用。询问潘叔后，他说因为这几件器材太贵，例如那一台大型按摩椅，3 万多一台。放在下面，精神类会员在使用的时候，不能保证他们不乱按乱弄。几天时间就会弄坏，到时候修理很麻烦。一楼其他的器材，已经把可控危险系数降到最低。不巧，前几天有个会员，不会操作就上去乱用，工作人员稍没注意，最后，那会员摔伤了。所以现在职康中心采取了一些措施，努力减少这类事件的发生。康复本是一个艰难且漫长的过程，训练是会员根据自己的需求在进行，没有强制性要求。不过上面的器材确实使用率低很多。这样看起来，职康中心各项器材都是齐全的，但是如何真正做到物尽其用是一个值得商榷的问题。

三、访谈后的思考

（一）有关残疾人就业

在访谈中，潘叔讲到残友们挂靠就业，也得知有一部分人是完全挂靠，不用上班。其实仔细想想，会发现这样带来的负面影响也是很显著的。一是会影响这部分残友的自我决定和发展。虽然在某种程度上，这样的做法增加了他们的收入，其实是违背了他们参与社会、参与就业、实现自身价值的愿望。二是会阻碍用人单位推进企业社会责任。虽然绝大部分用人单位愿意接纳、招收残疾人就业，为残疾人、为社会尽一份责任，但有的用人单位却通过残疾人挂靠在企业就业来减免残疾人就业保障金和有关税费。潘叔提到当年带领残友挂职的事情，后来才知道，有了这么多人挂职后，那个工厂每年可以少缴上百万元残疾人就业保障金，区残联对工厂也还有补助。甚至有时候会觉得自己是“被利用”了。

2007 年至今，我国对残疾人实行多种方式的就业政策。2016 年 5 月，财政部、国家税务总局联合发布《关于促进残疾人就业增值税优惠政策的通知》，对于安置残疾人占在职职工人数的比例不低于25%的单位和个人给予税收优惠，同时进一步给予集中就业、按比例就业、个体灵活就业、辅助性就业政策优惠，主张加强残疾人就业服务和劳动权利的保护，消除影响残疾人平等就业的制度障碍，同时明确各项工作任务的具体责任单位，一系列的政策措施都为推进残疾人共享全面小康提供了保障。

但是基于现状，我国对残疾人的支持性就业起步较晚，发展也比较慢，因此也存在着保障不足、质量较低的问题。去年我参加过一次残疾人服务机构相关项目的走访调研。在龙岗区，有一家残疾人经营的餐馆，他们在开店前参加过相关的就业培训，随后得到批准后正式营业，场地是特批的社区的一块空地。餐馆不大，主要服务对象是该街道的务工人员，为他们提供午餐和晚餐。但是后来这家餐馆还是经营不下去而倒闭了。因为对象的特殊性，所以饭菜价格比较亲民，有时候 1 个月下来略有盈余，多数时候是属于亏损状态。而申请的一年2万元左右的补贴费用不够填补餐馆营业亏损的空，后来的技能培训也不具有可持续性。这家餐馆从开业到倒闭，总共存在了2年左右的时间。由此可见，政府在鼓励和扶持残疾人自主就业上还有很长一段路要走，需要不断完善残疾人职业康复就业服务体系，加强职业康复、教育培训的研究工作。

（二）面对现实，心向远方

我所学习的专业是社会工作。而社会工作者是残疾人社会工作的直接推动者，我们的专业能力素质直接影响着服务的质量和残疾人社会工作的发展程度。残疾人士的“失能”，已让他们在生活中遭受多方面的阻碍，如个体无法正常就业、依赖家庭供养造成家庭经济负担加重、低自尊、受到社会的排斥、嘲笑和冷漠对待等，其问题更具复杂性和挑战性。我也会面临以后工作的选择。我认可专业的价值理念，但是迫于生活的现实情况，目前专业的就业形势十分严峻，流动率很大，社会工作被大众熟知且接受还需要一个漫长的过程。社会工作用生命影响生命的价值理念深深地影响着我，我会努力让这种影响在我这里通过某种方式得以延续。路漫漫其修远兮，吾将上下而求索。愿不乱于心，不困于情，不畏将来。

戴露：一个渐冻症患者的性命、生命、使命

周　咏[①]

戴露 40 岁了，也与渐冻症相处了整整 40 年。改革开放那年，戴露出生在江西省九江市修水县全丰镇，这是一个地图上都很难找到的小村庄。一直到北京都举行奥运会了，在跑遍了中国地图之后，戴露才在北京确诊自己的病情。

渐冻症是一种罕见病，但这个词对频繁接触互联网的人来说也许并不陌生。2009 年，与渐冻症相关的公益行动“冰桶挑战”从美国开始，滚雪球般席卷全球，也进入了中国。来自各行各业的名人将满满一桶冰水浇在自己身上，以此来体会“全身像冰冻般慢慢失去知觉”的渐冻症。在名人效应和互联网传播的加持下，那一年，“渐冻症”这个词频繁出现在人们的视线里。渐冻症还有一个世界闻名的代言人——霍金。2018 年霍金去世时刚过 76 岁，事实上，霍金在 21 岁确诊渐冻症时，医生预言他最多可以再活 2 年。

渐冻症学名为肌萎缩侧索硬化，病人全身的肌肉会逐渐无力和萎缩。从出生至今，渐冻症一直在慢慢吞噬戴露的行动能力，身体里的力气像被扎孔的气球般慢慢流失。戴露从能跑能跳的儿童变成了轮椅上的中年人，头部以下只有一只右手还能活动，这唯一能动的一只手也不及常人有力，最多只端得起半杯水。不幸中的不幸，渐冻症病人，戴露家里有三个，他的两个妹妹也患有渐冻症，虽然病情没有戴露严重。

---

① 周咏，女，美国杜克大学在读研究生，深圳大学残障与公益研究院研究助理。

戴露（右前）

“软架子”和“风吹倒”

戴露一生有几个重要的节点，人生被某个戏剧化的场面完全改变，分成了几个清晰可辨的阶段。13 岁之前，戴露走路不太稳，时常摔跤，同学们开玩笑地给他取了两个绰号，一个叫“软架子”，一个叫“风吹倒”，但这并没有把他和同龄人区别开来，他还是一个普通的农村小孩。戴露比同龄人晚学会走路，在中国农村，小孩晚学会讲话和晚学会走路之类的都不算大问题，在老一辈眼里，解决方法很简单——长大了就好了。这也是很多农村残障儿童病情得不到早期干预的原因之一，家长对各种症状不加重视，错过了最佳治疗时间。即便如此，戴露的母亲对此还是很紧张，心中的焦虑也日益增加。为此，她成了村上卫生所的常客，为了不让家里其他人担心，她总是偷偷跑去卫生所向医生询问。一个 20 世纪 80 年代的农村卫生所能给出的诊断注定是普通的缺钙，这个错误的答案让戴露整个童年都与钙片为伍。

戴露母亲在当地学校教书，学校的学生家庭条件也十分拮据，收不到学费是家常便饭，母亲的收入并不乐观。同为教师的父亲只能选择在工作之余隔三岔五外出打工，每次回家都是一整箱一整箱的钙片往家里带。除了吃钙片以外，母亲还带着年幼的戴露每天去打补钙的针，如此频繁地出入卫生所，以至戴露 3 岁的时候便可以独自去打针了。

长时间的补钙并没有让戴露好转，病情反而越来越严重，不仅是走路有问题，双手也越来越无力。担心镇上的医疗条件差，无法正确诊断孩子的病情，母亲带着他来到县上的儿童医院就医，可是得到的结果跟之前一模一样。直到出生于1982年的大妹妹戴蓉蓉在童年时也出现了类似的情况，家人才彻底意识到事态的严重性，父母带着所有的积蓄加上借款带着孩子来到省会检查，得到的结果是，两个孩子都患上了一种罕见的疾病——进行性肌营养不良，俗称“肌无力”。事实上，这个一家人用尽全力得来的答案也是错的。

戴蓉蓉两岁时，最小的妹妹戴珊珊也出生了，戴珊珊同样也患有渐冻症，她的症状最轻，可以自己走路，而之后哥哥和姐姐连站立都成问题了。因此后来家里就只带着小妹戴珊珊去看病，以减轻旅途的负担，然后带回来三份药兄妹三人一起吃。

对于普通人来说，这样曲折的求医之路已是一种折磨。但相比于戴露之后的人生经历来说，13岁之前他最起码看起来跟其他的同龄人没有差别，相较之下病情不算太严重，和朋友们一起上学放学，课间打打闹闹，也没有人用异样的眼光看他。那时父母看着兄妹三人聪明伶俐，也多是满心欢喜。

学会“失去”这一课

13岁之后，戴露遇见了人生的第一个节点，那年他刚刚踏进初中的大门，病情开始迅速加重，行走愈发困难，并给他带来了第一个难以接受的后果——他辍学了。当同学们带着未褪稚气的脸庞，开始感受美妙的青春期时，戴露开始了与病魔的斗争。

初一刚开始时，戴露还能跑能跳，身边人也建议他多去跑步，因为多锻炼身体就会好。

但是到初一第一个学期结束时，行走就变得非常困难，戴露一次最多能走30米，力气也变得很小，甚至连背上书包这样简单的动作也完成不了。失去力气给生活带来了很多不便，最难以启齿的是在极为私密的排泄方面，小便时，会因为手久久不能拉开裤子拉链而失禁。几十年前农村厕所条件很差，坑位是由木板铺起来的，木板上粘满了排泄物，如果在蹲厕时想站起来，戴露必须双手撑在沾满排泄物的木板上才能支撑起身体。

彻底失去行走能力的那一刻是在那一年的除夕夜，当时电视在农村是稀有物件，戴露跟朋友去邻居家里看电视，看完回家的半路上，戴露突然怎么都走不动了，仿佛被定在了路边，双脚怎么都没法挪动哪怕一厘米。最后是朋友跑去通知戴露母亲，母亲把戴露背回了家里，这一背宣告着戴露再也不能独立行走了。下学期，戴露就没有再去上学。不仅是因为行动不便，也是因为身体在发生这样的巨变之后，他不愿看到别人异样的眼光。在之后的生活中，戴露面临了很多次这样的失去，热爱的、擅长的、用心经营的东西，因为身体原因不得不放弃。但在这么多失去的东西中，戴露现在回想起来，不能去上学的心情仍是最痛苦的。

戴露的两个妹妹也因为渐冻症不得不接受失去这一课。大妹戴蓉蓉在10岁的某一天也再无法站起来了，从此辍学在家。而三妹戴珊珊的失去更像是戏剧化情节，三妹病情最轻，爱唱歌会乐器，在省会城市接受过教育，一直梦想考上音乐学院。高考时，戴姗姗报考了一所艺术院校，复试当天，提前一个小时到达复试地点的她却发现考场在三楼。虽然戴珊珊还能行走，但一个小时内爬上三楼对她来说却是很大的挑战。她咬牙想要爬上考场，但到达二楼时，因为双脚乏力，她从楼梯上滚下来了，而当时所有的考生全部都已经到达了三楼的教室，周围也无人能帮忙。这短短的几段阶梯成为难以逾越的鸿沟，迈向考场的路看不到终点，梦想的大门对她关上了。最后在一场号啕大哭中，她接受了这个现实。尽管这样的失败显得很无厘头，因为上不去台阶而失去了接近梦想的机会，跟常人因为没有努力或努力不足而失败不一样，这样的失败像是你辛辛苦苦备考了许久，踌躇满志，还没来得及把名字写在考卷上就被判不及格了。

“命运的绳子，捆绑萎缩的肌肉”

不能自由行走之后，戴露也没有马上坐上轮椅，当时农村条件差，家里经济状况也不好，根本没有坐轮椅这个选项。当时家中用的是带有靠背的木头椅子，开始时戴露还可以倚在靠背上站着，缓缓移动。后来站不稳了，就坐在椅子上，用全身的力量，带动着椅子左一下、右一下向前挪动。有时戴露不信邪地想自己走动，因此反复摔跤，膝盖变得血肉模糊，擦过血迹的棉花兄妹俩偷偷藏起来，怕妈妈看到担心。

兄妹两人一起辍学在家，生活不能自理，每天清晨，母亲天还没亮就先起床劳作一段时间，然后将僵直睡了一夜的兄妹俩各自从床上抱起来，洗漱好后安置在桌旁的两个小凳子上，在桌上放上书本和零食，方才出门工作，留下兄妹两人一坐就是一天。戴露对那段时光的记忆，是天还没亮母亲就起床割猪草的声音，是这两凳一桌，是妹妹和母亲抱头痛哭的泪水。

对于戴露来说，本该明媚如朝阳的少年时光仿佛随着除夕那晚留在了黑夜中。辍学回家之后，12—16岁之间，他想的最多的事情大概就是各种不同的死法。特别是夜深人静时，脑子里不断冒出各种不同的轻生念头，天亮之后又像没事人一样起床。回忆当初的日子时，戴露曾写过一首诗："一条命运的绳子，捆绑萎缩的肌肉，死勒着已经畸形的骨头，掐住呼吸，泣不成声，青涩的梦，四分五裂。"在病魔面前，痛苦的不只是患病的戴露兄妹，父母也同样承担着巨大的压力。本就收入不高，生活在农村，却还要负担三个孩子的医药费，经济上和心理上的压力都是常人难以想象的。但是这个不富裕的农村家庭却没有充斥着脆弱、悲伤的氛围，父母勤勤恳恳，加倍努力想为戴露兄妹创造更好的条件。

辍学之后，戴露曾在父母的帮助下开过一家杂货铺，叫南杂百货店。他一直记得某天清晨，他像往常一样坐在杂货铺里，路边人来人往，毫无心理准备之下，戴露听到了旁人的一句话："这家店的店主要坐着卖东西"。这简单的一句话给了戴露巨大的打击，青春期的敏感和身体上的痛苦将这句话放大了无数倍。多年之后回想起来，戴露只用了"难过"两个字来形容当时的心情。但在当时听到这句话之后，戴露关门歇业了一天，一直躺在床上反复思考这句话，一整天没有踏出房门。那天过后，戴露又若无其事地继续经营杂货店了，他说在那一天里，他想明白了路人只是在陈述事实而已，他确实无法站立，确实只能坐着卖东西，别人说出来与否并不会有所改变，他开始说服自己去接受这个事实。20多年后，戴露在自己的QQ空间打趣写下："15层楼高的阳台上，遮挡瞭望远方的丝网与玻璃，让我有一种冲动，开启电动轮椅撞出去，那不是为了逃避，或死亡，而是飞翔……"心境已大不同。

黑夜里的骏马

虽然初一就辍学了，但是戴露热爱文学，尤爱诗歌。17岁时，戴露第一次接触到诗歌，他在跟着父亲学画的学生那里偶然读到了汪国真的《热爱生命》。"没有比脚更长的路，没有比人更高的山"，汪国真的文字像一束光，照亮了独自在黑暗中摸索的戴露。戴露形容汪国真诗集对他的影响："在思考死法的灵魂里，安置了一个太阳"，心中贫瘠的土壤长出了绿苗，攀向高空。为了把汪国真的文字留下来，戴露手抄《热爱生命》，直到远方的表哥听说后买了一本送给戴露。从此戴露打开了文学的大门，不断让家人朋友从外地帮忙带书回来。每天早上起床之后，先读两个小时的诗歌，读雪莱，读顾城，读海子，读莎士比亚，读西川，读普希金……去体会诗中的情景，把一首首诗想象成不同的故事。到了深夜，家里人和学生们都睡觉之后，戴露接着看书，或者写作。同年，戴露在县里的报纸上发表了自己的第一个诗歌作品《朋友》，拿到了稿费，也是他人生第一份收入。之后便陆续在不同的媒体上发表了一系列作品。一直到现在，戴露工作之余还会经常拿出书来看。2015 年，戴露每天都在电脑上写 500—1000 字。

戴露写了很多诗，他在多首诗里都把自己比作黑夜里的骏马，“穿行密布陷阱的风云之中，雨只是打湿了鬃毛，奔腾翻涌的骇浪，掀起神采，飞扬如电”。在诗歌的世界里，戴露是一匹奔跑的黑马，桀骜不驯地驰骋在世界的各个角落，穿越黑夜，不惧风浪。因为写作，戴露还认识了许多笔友，通信分享彼此的近况，或者和作家写信分享自己的文章，又或者只是寄手抄诗集给对方。这样的生活让戴露有了期盼，算着时间等着报社的稿费或者笔友的来信，曾经那些午夜梦回的痛苦时刻仿佛渐渐消失在文字里了。

戴蓉蓉也喜欢文学，兄妹二人一起读书，一起写作，戴露甚至觉得妹妹戴蓉蓉在文学上比自己更有灵性，因为她有更多的时间阅读。即使是多年之后，两人都已经成家立业，一南一北相隔万里，他们仍在微信上用诗歌对话。戴露写：“我多想砸碎手机，我多想，从南方伸出一双手，抱紧整个北方。”让人动容。

被收回的天赋

除了文学之外，戴露从小就擅长画画，在学校时就可以一个人包办班里的黑板报。戴露的父亲是镇上远近闻名的文艺工作者，会画画，写得一首好字，音乐也在行。戴露父亲有时候会在家里教学生画画，虽然他没有专门教过戴露，但是戴露有天分，画得好，画挂在画廊里有人想买。因此辍学在家之后，戴露也帮着父亲一起教学生画画，后来父亲太忙了，便有学生缠着戴露学画画。

1997 年的时候，父亲从南昌给戴露带回了一把轮椅，这大大增加了戴露可以行动的空间。于是戴露便想带长期学画的学生，他跟学生生活在一起，学生可以简单照顾他的起居，便不用凡事都靠家里人了。就这样，1998 年的时候戴露在南杂百货店旁边开办了“山谷村画廊”，主要做应试和商业的油画培训。右边是杂货店，左边的大堂用来画画，后面则是休息睡觉的地方。戴露最擅长的是油画，因为他对颜色十分敏感，看过的画，不用对照着临摹便能再现原稿，给学生解画。戴露教画是系统地教，从基本的素描开始，到静物、肖像、风景、油画，怎么拿笔、切笔、做笔，怎么做的笔画出来的叶子更好看，等等。这些知识如今戴露仍可以信手拈来。戴露画画最突出的还有速度，别人一个星期才能完成的作品，到戴露这里一个小时可能就能做完。曾经有媒体来采访戴露，不相信他能有如此快的画画速度，戴露当场为记者快速画了一幅肖像。还有很多专业学画画的学生也来找戴露学画，戴露说自己掌握的是一种草根的东西，可以教学生怎么让学院派的知识和社会接轨。

戴露跟学生相处得很好，画室里面还有不少八卦趣事。画室在乡下的一条马路边上，他们白天画画，晚上学生推着戴露去外面走走，聊聊平常的事，有时候甚至会去捉青蛙，或者一起去外面写生，“十分开心”。那段时间戴露想成为画家，他也的确被公认为有画画的天赋，曾有一个来访的人说可以尝试帮他开一个画展，于是戴露花了很大的精力准备可以展出的作品。

好景不长，戴露的身体状况越来越差，直到后来不能长时间握着画笔，没有力气画画了。后来那个承诺要帮戴露举办画展的人没有出现，戴露也不能再画画了，愤怒和失望之下，戴露烧掉了所有的原创画稿，和画室的人喝了一场酒，彻底放弃了自己的画画生涯。画笔掉落，这是戴露失去梦想的时刻。有些事情多年之后说起来洒脱和轻巧，当时的心情却不是旁人可以窥见的。

说不上是幸运还是不幸，戴露有画画、书法、唱歌、乐器的天赋，也在很小的时候就在这些方面有不俗的表现，有大把慕名而来的学生，还有年纪比他大的学生，可是遇上了渐冻症，这些天赋却没了施展的可能，仿佛被上天收回一般。不能画画之后，戴露过渡得比辍学时好，因为他还有音乐。对着镜子练唱歌，戴露盯着这唯一能发出力量的器官，赌气般地放声歌唱，以前用来画画的时间现在用来练习唱歌和音乐创作。

同样的，戴露从小就喜欢音乐，妹妹戴蓉蓉也唱得很好。因为对音乐的热爱，两人辍学在家时，父亲还花了不少钱在家里为他们装了卡拉 OK，买大耳罩的耳机和可以三碟连放的 DVD，而这对当时一个农村家庭来说是一笔不小的开支。后来戴蓉蓉自己争取机会被江西广播电视学校破格录取为播音主持系的学生，现在在北京工作。戴露说，几乎所有的乐器他都会，虽然不是精通，但基本上都会一点。当时去县里参加歌唱比赛，也拿过很多奖。说到当初练美声时，戴露张口就唱："美丽的草原……"然后大笑。这时才发现戴露唱歌时的声音跟说话时很不同，也许是因为身体原因，戴露说话时显得有点文弱，音量也不大，唱歌时声音却浑厚高昂，一听就是有专业功底的。可是再后来，老天不断和戴露开玩笑，病情继续加重，胸腹部的肌肉萎缩，戴露也没有力气唱歌了。面对这样的结果，戴露只是略显平静地说了一句："习惯了。"

"一双纤嫩的手指，握着重负"

一而再，再而三地失去理想，戴露再次陷入了低谷，他迷茫地以为自己再也找不到人生目标，今后也找不到工作，更找不到可以携手一生的爱人。但戴露也许骨子里就是一个不服输的人，内心还是那匹穿越荆棘、风雨不惧的黑马。不久之后，得益于一个学生送的电脑和舅舅帮忙置办的摄影设备，戴露开了一家照相馆，做起了数码摄影。照相馆所有的后期工作只有戴露一个人，忙碌的时候几台电脑一起操作，一台电脑在运转的时候就操作另外一台，熬到凌晨三四点还不是最累的，还有好几天都不睡的时候。

也许是有失必有得，又得益于数码摄影，戴露认识了来照相馆学电脑的后来的妻子春红，他第一次摸到了爱情的心跳，这个包容他，读懂了他的姑娘被戴露形容为一场及时雨。他给春红写了一首小诗，里面写道："一辆陈旧的轮椅，擦得雪亮∥一双纤嫩的手指，握着重负∥把整个春天撵踩在脚下∥灿烂在有生气的山野地∥把村子的表情映得，翠绿∥让世界的眼睛睁得，火红。"

春红是很多人敬佩的对象，也是很多人不理解的对象。"这么漂亮的姑娘为什么偏要嫁给一个残疾人"，是她绕不开的一句话。成为一个残障人士的伴侣，确实要付出更多。在中国，虽然残障人士比正常人更需要婚姻的支持，更需要有人协助照顾，但残障人士步入婚姻显然比普通人困难得多，交往的圈子有限，经济条件差等种种原因，很多时候残障人士只能跟另一个残障人士结婚。而中国农村的残障人士，特别是男性，更是处在婚姻链的底层。戴露和春红的婚姻一开始也遭到了春红家里的激烈反对，春红漂亮、聪明、勤劳，家人怎么也不同意她嫁给一个连生活都不能自理，几乎一无所有的"残

现在的春露影楼

疾人”。直到婚礼那天，家人也没有同意，春红噙着泪水在婚礼上握住了戴露的双手。现在要是问起春红他们当初的爱情故事，她只是低着头害羞地笑笑，怎么也想不到她在 20 多岁时是个为爱情奋不顾身的少女。

在这场婚姻中，被认为付出更多牺牲更多的春红从来没有退缩过。这么多年以来，春红几乎没有睡过一个完整的觉，每天晚上要帮助戴露翻身活动，早上要协助戴露起来洗漱，日复一日，年复一年。任何时候，戴露要起床或者有任何行动，都离不开她的帮助。戴露的朋友也形容春红是一个“伟大的女人”，但他也理解春红，开玩笑地说道：“如果你深入了解了戴露，你也会爱上他的。”

戴露时常自责自己不能尽到一个丈夫的义务，就连妻子怀孕时，还要妻子照顾他的起居。有一个场景更是让戴露久久难以释怀，当年照相馆的生意大量集中在过年的时候，此时外出打工的人趁着过年回家举办婚礼。有一年春红因为连着几天没怎么休息，又一大早起来帮客人化妆，晕倒在了厕所。坐在轮椅上的戴露束手无策，只能干着急。但春红显然并不在意这些也不在意他人的眼光，她是像戴露母亲那样如水般温柔又如磐石般坚强的人，她认为只要天不塌下来，生活就可以好好过下去。后来他们买了房子，把照相馆开成了影楼，取每人名字中一字为“春露影楼”。

最常出现在戴露诗和文章里的人是他的妻子、妹妹和母亲。因为有她们的存在，戴露觉得人生大部分时间是快乐的、满足的。他在文章里称春红为爱人，并引用了一首外国的诗来形容她：

仿佛是乌云从远方的太阳
得到浓厚而柔和的色彩
就是冉冉的黄昏的暗影
也不能将它从天空逐开
你那微笑给我阴沉的脑中
也灌注了纯洁的欢乐
你的容光留下了光明一闪
恰似太阳在我心里放射

“性命、生命、使命”

戴露在某次阅读中记下：“人有三命，性命、生命、使命，各自代表着生存、生活、责任。”性命对于普通人来说是自然而然的，就像空气一样，时时刻刻都在那里，不知什么时候会突然失去。但对于戴露来说，病情是一个潜在的炸弹。他12岁时就有医生预言他活不过16岁，同病的病友也有很多已经去世了。他现在这样形容自己的病情：“说得重一点是天天在加重，说得轻一点是没有知觉。”笑了笑又补充道：“看你自己怎么想，你要是每天想着自己的病加重，可能真的越来越重，我从来不会去想这件事，我已经忘记了自己的病。”确实，现在戴露把所有的精力放在工作上，已经没有时间去考虑身体上的变化。也许这就是戴露所说的使命和责任，哪怕只有一只手有力气，也要用这只手为家人创造更好的生活条件。

2011年，为了儿子戴梓康学习钢琴，戴露带着妻子春红和儿子离开了老家，来到了深圳。有时候仅仅是地点的转变就意味着身份的转变，到了深圳之后，最开始在他人的帮助下开起了淘宝店，之后慢慢地便创立了自己的品牌，成立了一家电商公司运营店铺，开始成立自己的团队，独当一面，戴露成为一个创业者。淘宝店卖自己品牌的香水，一瓶香水一百多，在淘宝同价位的产品里销量全网第一。在淘宝的搜索引擎里输入女士香水，戴露公司的产品出现在页面靠前的位置。

戴露的公司现在有 30 多名员工，走进公司，十几台电脑的屏幕同时亮着，信息不停闪动，键盘噼里啪啦的声音在空气中回响。戴露有一间单独的办公室，员工时不时走进来向他请教问题，墙上挂着戴露父亲题的一幅苍劲有力的书法作品，四个繁体大字——“远怀无忧”，落款为“远观无忧，近虑有愁，凡事多思远怀也”，这是公司刚创立的时候，父亲不放心特意来深圳看望的时候写给戴露的，戴露装裱好后，挂于办公室的墙上，乍一看还以为是买来的书法作品。戴露的办公室还放着一整套音响，音响旁边是一个柜子，柜子的上层放着各种香水原料，下层放着一堆音乐光碟，古典乐、名族乐都有。书桌背后放着一个大书柜，除了一些电商的工具书外，更多的是文学的书籍，这些书大多是戴露从老家带过来的，有一些还是很早以前出版的。只是现在一本书的重量对戴露来说也是一个负担，不能长时间拿着一本书阅读。

旁人难以想象的是，拥有这样身体条件的戴露是个工作狂。作为公司的领导者和支柱，戴露的工作强度比普通人大得多，他维持着每天只睡四五个小时的作息。除了睡觉之外的时间基本都是在工作，所有的精力放在自己的公司上，还时常出差。妹妹戴珊珊在深圳和戴露一起工作，她说，哥哥在她们心里是没有缺点的，觉得什么事情哥哥都可以搞定。戴露只有初中学历，所有关于电商的知识，都是他自学或者从经验中总结出来的。晚上 11 点多还在办公室是家常便饭，每天要看当天店铺的数据，就算回到家里，一切收拾妥当躺在床上，也习惯继续思考白天的事情和问题。凌晨 2 点入睡，早上 7 点起床接着工作，工作和生活似乎并没有明显的界限。他甚至曾经在自己的空间里写道：“挑战，从昨天开始，100 天，每天工作 16 小时。”每天工作 16 个小时哪怕是一个身体健壮的人都难以实现，戴露却可以做到。

为了方便行动，戴露的住处和公司的写字楼是连在一起的，每天妻子春红推着他的轮椅坐电梯下到负一楼，穿过长长的、昏暗的走廊，拐几个弯，绕到住处所在的电梯，上楼吃饭，吃完再推着戴露原路返回办公室。行动不便，除了工作需要，戴露不怎么外出，手机最常用的功能是备忘录，里面记载着每天需要做的事情和平常的想法。电子产品的娱乐功能很少用到，就连微信也用得不多，消息多是妻子在帮他回复。

除非是身体原因让戴露无从选择，比如他不可能有力气从轮椅上站起来，不能长时间拿着画笔，胸肌不能支持他继续唱歌。戴露从来没有把这个旁人眼中的重病考虑到他日常的选择中。问他搬家到深圳时是否会十分担忧，他说别人可以他就可以。问他管理公司的压力会不会很大，身体能承受吗，他说压力来自于他对全公司的人的责任，自己也没有优越的家庭背景在背后支持。但是他从来没有把原因归结到渐冻症上面。他深知幸与不幸就在一念之间，而人是要过生活、有使命的。

父亲这个角色

每个人一生都有很多个角色，朋友、家人、爱人、同事。对于残障人士来说，因为身体上的缺陷或者心理上的问题，很容易某方面的角色就被弱化甚至消失了。但是戴露显然不想错过任何一个角色，他和妻子一起给母亲过生日；情人节给妻子买玫瑰花，出差给妻子带礼物；在公司里带领团队一步一步壮大发展；对儿子戴梓康，戴露也像大部分的父母那样，给孩子最好的，扮演好父亲的角色。

戴梓康想学钢琴，在老家的镇上找不到钢琴老师，戴露托人买来钢琴，颇通乐理的他一边看书一边向在深圳教音乐的表弟请教，戴梓康的钢琴在五级之前，都是戴露自己教的。暑假的时候就来深圳租房子，让梓康学习钢琴。2011 年，戴露全家搬到深圳只有一个原因：带儿子来深圳学钢琴。戴露夫妇觉得既然孩子想学，做父母的就要尽力去提供这个环境，这是为人父母的责任。

戴梓康今年 16 岁，在深圳读高一，同时还在学习钢琴准备艺考。除了工作以外，戴露很喜欢看儿子练琴。深圳夏日的傍晚还很闷热，晚饭过后，戴露把儿子戴梓康从房间里叫出来，说要检查一下这周他在钢琴课上学到了什么。戴梓康个头约一米八，被叫出来之前刚换了一身运动服在房间里练拳击，肌肉线条突出，满头大汗，这是他的新爱好。风扇在呼呼地转动，戴梓康穿着运动服在钢琴前面坐下，一边说这周学校里的课业太重，钢琴课也还没教新的知识，一边翻开谱子。片刻过后，悦耳的钢琴声在这间租来的、不算宽敞、略有年头的公寓里传开。最开始戴梓康弹的是流行歌曲，梁静茹的歌，周杰伦的歌，林俊杰的歌，戴露的朋友在旁边跟着大声唱。戴露微笑着说他从来没有听过这种类型的音乐。后来戴露又让儿子对着简谱即兴弹奏，看他是否能自己处理谱子。戴梓康弹钢琴的时候，戴露在旁边认真地看着，表情有点严肃，但是放在轮椅踏板上的脚却随着音乐轻轻打着拍子，这大概也是他的脚所能移动的最大极限。戴露还曾在儿子午睡的时候，在旁边静坐良久，看着孩子的睡颜，这恐怕是一个父亲极致的、孩子们不曾察觉的温柔。戴露不知道的是，儿子戴梓康说他最佩服和崇拜的人是父亲。

在写自己的父母时，戴露写了一首诗致天下的父母，他写道："牵挂，系在心脉上守候，守候到呼吸停止，血管里依然听见念叨，那棵自己种下的树，是否需要施肥。"在写这首诗的时候，不知戴露是否曾想到自己也是一位父亲呢？

反思笔记

我必须要说，能作为戴露个案的写作者是我的荣幸，因为他有着很好很动人的故事，甚至可以作为一部长篇小说的素材。戴露今年40岁了，我比他年轻许多，所以在整个采访和写作的过程中我在努力体会和理解戴露这40年的经历和选择。而我也确实为戴露的故事感到震惊，在写作的过程中，我尝试给身边的朋友讲述戴露的故事，不出意外的，每个朋友都会或多或少地发出赞叹或者叹息。

戴露的故事跟许多残障人士一样又不一样。他的童年是悲苦的，是被病痛所折磨的，但同时又不能否认，他的故事也是浪漫的。很难想象的是，作为一个农村残障人士，治愈戴露心理的是各种艺术，画画、音乐和文学。这得益于他良好的家庭环境，父母亲都是教师。特别是戴露的父亲，是远近闻名的文艺工作者，因此戴露的家庭虽然不富裕，但却随处可见字画。从戴露的故事中，我们可以感受到丰富残障人士精神世界的必要性。肉体因为病痛而感到痛苦，就更应该尝试在精神世界里找到满足感。虽然戴露在采访中说父亲并没有专门教过他画画和音乐，但是戴露在这三个方面都有着不俗的天赋并且在很年轻的时候就已经小有成就。如果不是因为身体状况不允许，这三样中的任何一件都能够作为戴露终身的事业。造化弄人，戴露的身体状况不允许他从事任何其中一项。因此我们可以看到，残疾人确实在生活的方方面面受限制。但是同时从戴露身上我们也看到了坚韧，生活给他设置了一道一道障碍，但是他不停地在找寻生活的意义和自身的价值。他是真正地做到了"生活以痛吻我，我报之以歌"。

在本文中，我尝试去还原戴露现在的生活状态。因为他作为一个公司管理者的身体和生活状态实在是让我感到震惊。长年坐在轮椅上，没有自主生活和行动能力，却管理着整个公司，撑起了整个家，比普通人的工作强度还要大。我不会轻松地说身体残障不应该成为人生发展道路上的障碍。但是最起码在戴露身上，我们看到了一种可能性，他的故事可以鼓舞像他一样的人群更加积极地生活，去实现自己的人生价值。除了戴露本人，戴露的妻子春红也值得敬佩，几十年如一日地与戴露相互扶持，不在乎周围人的眼光。虽然她本人在采访中很羞涩，也不善言谈，但无可否认，她在某种程度上成就了戴露，一个好的伴侣是戴露生活的一个支撑点。如果有机会从妻子春红的角度写一个故事，想必也是十分有趣的。戴露在经历了这么多年的病痛之后，仍旧成了一个好领导、好丈夫、好儿子、好父亲，他没有因为疾病而将自己放在弱势的位置上，从不将身体残障作为应当考虑的首要因素。他不让身体缺陷将自己困住，并且有责任、有担当。可见心灵上的健全有时候比身体上的健全更加重要。因此，如果残障人士能够拥有健康的心理状态和珍贵的亲密关系，这将支撑他们更加积极面对生活和实现自己的价值。

梅老师：是千千妈，也是梅老师

黄 裔[①]

初见千之语

沿着两旁有榕树的社区主路走，就会看见一栋明黄色和粉绿色相间的小楼。这栋楼的1—4楼是一间幼儿园，5楼往上就是位于深圳市宝安区的深圳千之语特殊需要人士康复院（下称“千之语”）。这是一家综合性的教育康复训练机构，主要为0—16岁脑瘫儿童、自闭症、智力低下、语言发育迟缓、听力言语发育障碍等的儿童、青少年及其家庭提供全面、系统、专业的教育康复服务与支持。

乘电梯到五楼，正对着一条长长的走廊，乍一看和普通的幼儿园没有什么区别：走廊的一边是一排教室，走廊和教室外面的墙上有颜色活泼的装饰，每间教室门口都放着几双五颜六色的小小鞋子，教室里时不时传来小朋友们稚嫩的声音。

只有在细微处能看出这里与普通幼儿园的不同——教室门口的牌子上写着“作业治疗室”“情景主题室”“运动训练室”“普幼衔接班”。这才让人直观地感觉到，这里虽然与楼下的幼儿园近在咫尺，但很可能代表了两个世界——楼下幼儿园的孩子通常被称为“普通孩子”，而这里的孩子，更容易被

① 黄裔，女，英国利兹大学残障法博士，深圳大学残障与公益研究院博士后。

第一次到千之语，就是从这扇门进去

平日的午后，这条走廊上回荡着小朋友们的声音，每间教室门口都整齐地摆着小鞋子

定义为“特殊孩子”——他们因为身体或心理与其他孩子有所不同，可能需要比其他孩子更长的时间才能学会走，学会拿，学会表达，也有可能永远都没有办法做得特别好；他们需要康复、教育等全方位的支持。

走廊一头的第一间是老师们的办公室。第一次见到梅老师的时候，她正在办公室里和家长谈话。她胖胖的，皮肤很白，头发往后梳成一把，有老师带着小朋友走进办公室的时候，她就笑嘻嘻地和小朋友问好。她是千之语的创办者和负责人。对于在这里康复的孩子和陪伴孩子康复的家长而言，梅老师可能还有更重要的意义。

闲适的生活转了急弯

梅老师在成为梅老师之前曾是这样憧憬自己未来的生活的：在40岁之前实现财富自由，半退休，相夫教子，过闲适恬淡的生活。儿子千千的出生，本该让梅老师朝自己理想的生活更近一步，但没想到，闲适的生活就在这里打了一个急转弯。

大约在七八个月的时候，千千发了一次烧，随后，作为妈妈的梅老师首先发现小千千似乎有点不太对劲——没什么精神，原本会时不时挥挥小手蹬蹬小脚，发烧过后，突然就不动了。

当时，家人并没有觉察出千千的问题，还觉得是梅老师多虑了。梅老师带千千去了几个地方找专业人士检查，但专业人士也没有告诉她事情的严重性。婴儿时期的小千千有点胖，有的医生就觉得，也许只是因为胖，所以不太灵活，等瘦一点了，可能自然就好了。也有医生指出千千的发育比同龄孩子落后了两个月，建议梅老师带千千去上早教。梅老师自己也一度觉得，或许等孩子一岁多断了母乳，瘦下来了就会好了，再配合早教，应该很快就能牵着走起来了。

但预期的好转并没有发生。大约1岁1个月的时候，梅老师发现，和早教机构里其他的小朋友相比，千千的反应似乎要慢很多。早教机构的老师没有明确说千千“有问题”，但是向梅老师推荐了另一位专业人士，建议她带千千去看看。这一次，千千被诊断为发育迟缓。普通的早教并不适合千千，他需要接受更有针对性的康复训练。说起这家早教机构的老师，梅老师至今都觉得他们是很有良心的，因为他们没有为了赚钱而把千千留在早教机构里，不然，千千可能会被耽误更久。

“普通孩子可能不用你教他都会喊爸爸妈妈，但你的孩子，可能教他几百遍他还不会。”那位将千千诊断为发育迟缓的医生是这么对梅老师说的。

“有这么夸张吗？”梅老师在心里将信将疑。

虽然那时的小千千在很多方面都比同龄的小朋友慢一点，但梅老师发现他的眼睛很有神，仿佛会说话，这双神采奕奕的眼睛让梅老师对他有信心。

即便心里还有疑虑，即便家人还不能很快接受这个事实，作为千千的妈妈，梅老师还是很快就决定陪着儿子一起面对现实，开始康复。

和梅老师聊起这段经历的时候，距离千千的早期诊断已经过去了很多年，梅老师也讲得很平静。但作为旁观者的我，在心里冒出了很多疑问。

如果梅老师在发现千千有点不对劲之后，马上就能得到专业人士的支持，会不会一切都不一样呢？

如果在梅老师第一次带千千去做检查的时候，医生就做出了正确的诊断，而不是简单地觉得千千“太胖”，会不会一切都不一样呢？

如果新生儿的检查再精细一点，会不会一切都不一样呢？

新生儿的母亲带着宝宝一家一家医院地跑绝非易事，如果有更高效的信息平台和问诊方式，会不会一切都不一样呢？

在未知的疾病和令人焦虑的“不对劲”面前，母亲抱着新生的宝宝是如此无助，如果能够为新生儿家庭提供更多各方面的社会支持，会不会一切都一样呢？

…… ……

然而，在当时，梅老师已经没有丝毫多余的时间和心力去追问谁的过错，追讨谁的亏欠。照顾千千，陪伴他康复，是那时最紧迫、最重要的。

迷茫而焦虑的早期康复

小千千在 1 岁 2 个月的时候正式开始了早期康复。康复的日程被排得很满，梅老师还要非常小心，确保千千不要生病，因为一旦生病，之前的康复就会功亏一篑。

每天早晨 6 点，梅老师就要起床去菜场买猪骨回来煲汤，再用煲好的猪骨汤为千千煮粥，放在保温杯里，这是千千的午餐。

上午，梅老师和千千先要到第一家医院做康复，中午就在医院里吃饭，千千喝猪骨汤煮的粥，梅老师自己随便吃点快餐；

下午 1 点 50 分之前，他们要赶到第二家医院继续做康复；

下午 4 点之前，要赶到第三家医院。

这三家医院分布在三个不同的区，他们每天花在路上的时间就有四五个小时。等完成了一天的康复，回到家已是晚上 7 点，梅老师还要做晚餐，照顾千千，做大大小小的家务。

可以想见，那时候的梅老师只剩下一个身份——千千妈妈。她自己的一切都已经让位于儿子的康复。面对一个有特殊需求的孩子，可能任何人都有理由走开——母亲也有。但母亲通常会留下，倾其所有来陪伴这个孩子，即便自己作为独立个体的那部分渐渐隐去，只剩下“某某妈妈”这样一个头衔。

回想起这段并不轻松的早期康复，梅老师没有强调自己的付出和承受的委屈，也没有抱怨任何人，反而感慨自己的幸运：“我还是很幸运的，至少那时候我没有很大的经济压力，有钱支持千千的康复。”

但是，梅老师对千千是否快乐有很深的反思——那时千千的生理和心理年龄都很小，需要非常充足的休息，可是他没有享受到。每天都要花很长时间在路上奔波，被动地接受大人安排的康复。千千真的能感到快乐吗？

千之语的一位专业的康复老师简单介绍了传统的康复方式。传统的康复方式通常是根据孩子表现出的有障碍的部位进行针对性训练：如果孩子的手有问题，就训练手；如果孩子的脚有问题，就训练脚。康复训练中总是使用单一方式进行康复：关节活动受限了就采取牵拉、按摩放松；肌力弱了就练力量。例如，有个孩子翻身困难，不会独坐，两腿分开活动受限。治疗师未必会思考两腿无法分开的原因，只是采取被动牵拉的手法进行康复治疗。

这样的康复训练会是怎样的效果呢？

面对康复训练的孩子本身已经很紧张了，受到外力被动牵拉会让张力高的部位疼痛难受，孩子会因为身体的疼痛而更紧张，同时在心里感到害怕和恐惧。对于那些伴有语言障碍的孩子而言，他们疼，却无法表达，很可能会进一步导致糟糕的情绪，而糟糕的情绪未必能得到理解，反倒有可能会被认为是孩子不配合、偷懒、情绪障碍……如果治疗师和家长没有理解和体谅到孩子的痛苦，就会继续严格按照他们认为对的方式进行康复，甚至还会加上恐吓、强迫的方式来确保康复训练继续下去。

“这些康复训练对于孩子来说是很不人道的。小小的孩子该多么绝望啊！他们幼小的心灵在这样的康复训练里受到了二次伤害，我们却浑然不知！”

在千千早期康复了一段时间以后，梅老师就决定创办千之语，那些传统但“不人道”的康复模式并没有被千之语采纳。经过对传统康复模式的反思，梅老师认为，首先要认识到我们的孩子是一个“人”——这恰恰是被很多人忽略的，人是一个整体，有感觉、情绪、心理活动；康复也是一个整体，孩子的问题不是局部的问题，头痛医头脚痛医脚的方式并不一定能够真正起到最佳康复的效果。这一点反思奠定了千之语在为孩子选取和设计康复方案时的基本理念。

一个在千之语的午后

第二次去拜访梅老师的时候，我比约定时间早到了一点，独自坐电梯上五楼，站在楼梯口等梅老师。一位年轻的老师走过我身边，热情地招呼我说："你在这里等人吗？进来我们办公室坐，这里太热了，进来喝杯水，坐着等。"

那时正值午后，办公室里有两位带着孩子的家长。一个大一点的孩子已经收拾好书包准备跟老师去上课，还有一个小一点的孩子，奶奶在陪他吃东西。

那个大孩子的妈妈对他说："你今天弄坏了老师的尺子，是吧？那该怎么办呢？"

那孩子站在原地，看着他妈妈。

他妈妈接着说："弄坏了老师的尺子，是不是该赔一把新的给老师？"

那孩子点点头。

"是你弄坏的，那应该用你的零用钱赔给老师，对不对？"

那孩子点点头，又摇摇头，再看看妈妈。

坐在旁边的奶奶笑嘻嘻地说，看来是不肯拿自己的零用钱出来呀。孩子的妈妈也笑嘻嘻地说，对呀，他现在知道了他的零用钱是他自己可以用来买零食的，就不太愿意拿出来啦。

"但是，你弄坏了老师的东西，就该用自己的零用钱赔给老师，对吗？"

那孩子又点点头，然后慢慢地，非常非常慢地，掏出了自己的零用钱给妈妈。

"嗯，这就对了，我们弄坏了老师的东西，就应该赔给老师。今天做得真不错。"

得到了妈妈的肯定，那孩子就背着书包去上课了。

在旁边看到这一幕的我，在心里是有点惊叹的。在我对心智障碍儿童康复的有限了解里，要让一个这样的孩子理解钱的概念、理解钱可以买东西、人可以支配自己的钱、弄坏了别人的东西要赔钱，并不是一件很容易的事情，需要非常有耐心，可能需要重复很多很多遍。但刚才那个孩子显然已经对这些概念有了一定程度的了解，这本身就是康复成果的体现。他妈妈在整个过程中的引导非常耐心，没有丝毫的不耐烦，也没有引起孩子的负面情绪，家长能做到这样，也不容易。而周围的人，无论是另一个孩子的奶奶，还是在办公室里进进出出的老师，都没有过多地干预这个过程，而是在孩子做出正确的选择后给予鼓励，这样的配合显得颇为专业。

这时候，又有另一个孩子跟在老师身后走进了办公室。这个孩子走路有点晃，其他的老师看到他和他打招呼，他就笑嘻嘻地回应。带他的老师递给他一个插着吸管的小水杯，他没有拿稳，不小心把水泼在了衣服上，另一位老师马上看见了。

“哎哟，衣服弄湿了呀！”那个老师笑嘻嘻地摸摸他的头，孩子也不好意思地挠了挠自己的头。

“没有关系，你坐在那边，自己把衣服脱掉，我们换一件干的衣服，再去上课，好不好？”老师边说，边接过他手里的水杯。

那孩子自己晃悠悠地走到一张凳子边坐下，慢慢地开始脱衣服。看得出来，这孩子的肢体协调能力并不是很好，脱衣服的时候还显得有些笨拙。他的老师坐在他对面，但并没有伸手去帮他，而是在一边说，对，就这样，慢慢往上就能脱掉啦。那位老师看见我也在看着他们，就笑着对我点了点头。

仅凭午后这段短短的见闻，我没有办法从专业角度评估千之语的康复和服务质量。但我想，这些孩子表现出的平稳、愉悦的情绪，和整个机构里耐心、友善的氛围并不是一时一刻能装出来的，也不是仅仅依靠冷冰冰的管理和量化标准就能实现的。

正在进行中的康复训练

问及千之语的康复训练，梅老师和专业的康复老师举了几个例子向我说明。作为一个康复专业的外行，我最明显的感觉是，千之语的康复训练对每一个孩子个体的需求、喜好和整体能力的发展给予了很大的关注。在肢体训练方面，千之语没有简单直接地采用牵、拉、压的方法，而是运用“诱发式”的方法引导“主动康复”，让孩子在不知不觉中，心情愉悦地接受牵、拉、压。例如，要训练一个孩子伸手，老师会先找到一样这个孩子感兴趣的东西，举在他面前，通过这样东西引导尽可能主动把手伸出来，伸到最高限度，再加以适当辅助来完成训练。在认知训练方面，传统的康复方法中，老师会用一些图片教孩子认识这个是书包，那个是水杯。在千之语，老师则会在真实的情境中带领孩子认知不同的东西。要认识书包，就让孩子把自己的书包带来，要认识水杯，就让孩子把自己在家用的水杯带来。等孩子们能够认识自己的东西了，再让他们把爸爸妈妈用的水杯带来。由此，不仅可以引导孩子认识这样东西，也能进一步引导他们认识这是谁的东西。再进一步，还有很多可以围绕一个水杯展开的认知训练，在真实的情境中把康复训练和孩子的日常生活串联在一起。即便有需要给孩子展示图片的时候，也是用他自己的东西拍成的图片。

“这样的话，会不会多出很多工作量呀？毕竟每一个孩子喜欢的东西不一样，要用的东西也不一样。如果做成图片的话，还要一张一张拍下来。”我向梅老师提了这个问题。

“嗨哟，那没多少工作量的！”梅老师豪爽地摆摆手，全然不觉得这是一个问题，“他自己的东西，带过来就可以了嘛。给他的东西做图片，也就是拍下来，印出来，塑封一下的事情，很简单的！”

在康复训练方面，梅老师总是很谦虚地说，自己还是个新人，还有很多要学习的。但她有一个非常明确而且坚定的见解——好的情绪是非常重要的，不只是孩子的情绪，还有家长和老师的情绪。在这一点上，梅老师设立了很多具体的措施和“规矩”。对于孩子，她提倡快乐康复的理念，特别强调娱乐和休息对于孩子的重要性。要综合考虑孩子的生理年龄和心理年龄来为他安排康复的时间和内容，一定不能为了康复而剥夺孩子本该休息和玩耍的时间。对于家长，她首先会做的是帮助家长走出迷茫和焦虑的情绪，因为只有当家长从焦虑中走出来，才能减轻自己和孩子的负担，继而真正帮助到孩子。对于老师，她为了保障老师的休息时间而定下严格的规定，其中最重要的一条就是不让老师在晚间给孩子加课。因为如果一位老师在晚上上课到很晚，第二天就很难有充沛的精力和良好的情绪来保证白天的上课质量了。

“为什么会以这样的理念来创办和运营千之语呢？您是从哪里获得了这些理念的？”我问。

“不断学习，还要不断反省。”梅老师说。

梅老师创办千之语的决定，以及如今千之语的理念形成，还得追溯到她脚骨折的那段日子。

骨折——转折

就在梅老师和小千千在康复的路上奔波了近两年的时候，她的脚意外骨折了。

“骨折的第一周，非常非常焦虑，这孩子还不会走呢，妈也要走不了了！”

因为骨折，梅老师没有办法再带着千千每天辗转多家医院，之前的康复安排被迫中止，他们只能自己在家训练。这样反而省下了原本在路上奔波的四五个小时，小千千有更多的时间休息、玩耍，听妈妈给他讲故事。

“当我不能行动的时候，我的大脑开始思考，就是内省，自我觉醒吧。”

骨折的体验给了梅老师一个意料之外的机会——她开始对小千千的生活状态感同身受。那时小千千仍有行动障碍，骨折时的梅老师也有行动障碍，她便因此切身体会到了行动障碍对人的影响。因为自己走不了，即便想要的东西就在不远处，也要让别人帮忙拿过来，别人可能会拿错，有时候会一连拿错几次，这种旁人看来琐碎的事情，却会让自己非常沮丧和恼火。梅老师就开始想，我只是脚不好，嘴巴还能说，头脑的认知也没问题，这点事情就能让我这么沮丧，更何况是小千千呢？他还很小，行动和语言能力都不是很好，遇到了事情连说都说不出，那该多难过啊！

有了这份感同身受，梅老师开始反省过去两年为千千安排的康复。小千千的身体是需要休息的，但在日复一日奔波的康复里，他没办法得到充分的休息；他的心理需要呵护，需要有幸福感，这也是劳累的康复无法给予的。努力康复是为了更好的生活，可是这样的康复真的让千千过得好吗？

就在梅老师自我反省的同时，千千也给妈妈带来了很多惊喜。自己在家里做的康复训练，强度不及之前，但坚持了一段时间以后千千也有明显的进步。这让梅老师想到，或许训练的强度不是唯一重要的指标，只要方法对，能够坚持下来，都是会有进步的。

训练之余，梅老师会给千千讲故事。那时候千千的语言能力还十分有限，梅老师并不知道他能不能理解这些故事，但还是坚持讲给他听。有一次，外面打雷下雨，梅老师想起之前和千千讲过一个和打雷有关的故事，就坐到千千身边，合着窗外的雷雨声，又给他讲了一遍这个故事。然后跟他说，帮妈妈把这个故事的书找出来好不好，我们可以再看一遍。

小千千听了，慢慢爬到自己的小书堆前，从一堆书里，找到了那本书，再慢慢拿到妈妈面前，翻到了讲打雷的那一页。

那一刻，梅老师一下子确信，千千虽然不会说，但是他有在听这些故事，在努力理解。康复训练并不一定要伴随着劳累、痛苦和紧绷的情绪，这种安稳的讲故事时光也是一种康复和愈疗，能让千千有能力上的进步。最重要的是，在家康复的这段时间，千千能有更多的幸福感。

2 年前，千千那双会说话的眼睛给了梅老师信心，让她果断放下自己的一切，开始陪伴千千康复。而这次意外的骨折，让梅老师彻底反思了过去两年的历程。她依然对千千很有信心，但她觉得，要让千千有更好的康复方式。她决定要再做点什么，不只是为千千，也是为自己。

“塞翁失马，焉知非福”，梅老师觉得骨折带来的转折让她和千千“因祸得福”。

从千千妈到梅老师：创办千之语

经过了这样一段反思和自省，梅老师决定按着自己的想法创办一个机构。这个想法并没有得到家里人的支持，但她还是坚定地迈出了步子。

她的想法很明确，要办一个以“融合”为根本目标的康复机构——要让特殊儿童和同龄的普通儿童一起快乐地成长，而不是只在特殊群体中生活学习；不要让特殊孩子像动物一样被大人安排着，一整天一整天地在机构和医院里康复；不要无休止地进行室内治疗；不要因为孩子一个功能区受损就否认他们所有的能力；要认可他们的思想和情感；要支持他们与外界接触；要保障他们获得快乐的权利。

“我们既要给予他们一些特殊关注，但不要将他们特别化而区别对待，应当像对待普通孩子一样，理解、接纳并尊重他们。”梅老师在机构的求贤书里这样写道。

要创办一个符合这种理念的机构容易吗？应该是不容易的。并不是所有人都能认识到特殊孩子的“特殊”其实只是人类生命样态多样化的一种体现。仍有很多人将这种“特殊”界定为一种疾病、缺损或否认生命价值的理由。他们认为“特殊孩子”是需要被修补的，却意识不到，不能认同多元价值、不能接纳“特殊孩子”的社会机构也是需要被修补的。

但是梅老师并没有因为困难而畏手畏脚。她做了决定，就朝着自己立下的标杆直跑。

没有经验，梅老师就去找有经验的人，走访同领域的知名机构。

“大概两个月吧，我就每天在家对面的餐厅请这个行业里有经验的人吃饭，了解行业的情况、创办机构需要做哪些准备……了解了一轮，我就开始走访各地的机构，应该走遍了大半个中国的机构吧，去和机构的创办人聊天，向他们取经……这一轮下来，心里又有了新的疑问，就再请人吃饭，向有经验的人讨教。”梅老师说，这一段筹备工作，就用了大半年。

需要专业的人员，梅老师就四处托人介绍。她亲自撰写了求贤书，说得很诚恳：“在未来的现实生活和工作中，我们固然要逐利，因为我们要生存，但不能急功近利，唯利是图，首先要脚踏实地地把事情做好，做事如同做人，其利自然循循而来。希望你们不要将其仅仅视为一份工作来谋生存，而是要把它当作一份事业来经营，这样才能成长，才能快乐。”

一旦有合适的人，梅老师就开着车亲自上门请人来机构工作。她一直保持着这份亲力亲为的认真和热诚。直到现在，每当得知有哪位专家老师的课会对机构有帮助，她都会亲自上门去邀请这位专家老师到机构来授课。

“那资金来源呢?”我问梅老师，“办机构的话，钱肯定是大事，当时有筹款什么的吗?”

“没有去筹款，就是用自己的钱。”梅老师说，当时她有一笔能够自己支配的钱，就决定用这笔钱来创办机构，“破釜沉舟，我就想好这笔钱大概可以支撑三年，如果3年里这个机构做不起来，那我也就死心了。”

机构的筹备就在梅老师坚定和果断的态度里热火朝天地进行着，骨干老师都已找好，梅老师通知他们来年开春就准备来上班。几乎万事俱备，只差确定机构的场地。但就在这个节骨眼上，梅老师的脚又受伤了。

“那时候是不能回头，不能退缩的，我作为负责人，不能因为脚受伤就随便推迟整个机构开工的时间，我做了承诺，就要遵守，不然还没开始，人心就要散了。”

带着这样的想法，梅老师拜托朋友开车载她，带着腿上的伤四处走访，为机构挑选场地。

“能坐轮椅的地方，我就坐着轮椅去看，轮椅走不了的，我就拄拐，没有电梯的，我就单脚一蹦一蹦地蹦上楼。”

为特殊儿童康复机构寻找场地并不是一件很容易的事情，很多人不愿意看到成群的特殊孩子出现在自己的周围，也有人觉得这些孩子会坏了自己地方上的风水，梅老师因此遭到了很多拒绝。

“我那时拄着拐，就有人在背后悄悄说，她自己还是个残疾人呢，也不知道以后交不交得起出租金。哎呀，我听到的时候反而觉得，这也太好笑了！”梅老师说到这，自己也笑起来了，仿佛这只是一件很好玩的事情。过了一会，她才说：“其实，这就是对这个群体的歧视啊。”

“有没有期待过，有一天社会不再存在歧视了？”

“没有这样想过。”梅老师很直白地说，“这么长时间的文明形成的东西，不是这么容易改变的。而且，要求同存异吧。你要求别人接纳你的孩子，那你也要接纳别人，这才公平嘛。要接纳别人和你有不一样的想法，包容别人对这个群体的好奇和不理解，这个是我们自己要做到的。如果一时做不到，我们就要自己成长，成熟，去接纳。”

梅老师的这番话让我想到一部电影里说的：“最孤独的人最亲切，受过伤的人总是笑得灿烂，因为他们不愿让身边的人承受一样的痛苦。”有些人遭遇了歧视或者偏见，心里会怀怒。而梅老师的态度是“没关系，我先接纳你”。因为对偏见和歧视感同身受，所以不愿意再把这种不好的感受加给任何人。

在创办机构的过程中，梅老师依然对生活和运气的恩赐有很深的感知。她总说，觉得自己还是很幸运的，脚伤的时候有朋友帮忙，想要做的事情，最终都能做到，也都能做好。

千之语两周年时

只有一次，梅老师说起在创办机构的很长一段时间里，都没有联系家人。虽然父母就在同一座城市里，住在不远的地方，但创办机构最辛苦的那段日子，她连电话都没有给他们打过。

“不是因为他们一开始不支持我，我就和他们呕气。而是我怕万一给他们打了电话，我就坚持不下去了。如果那时我妈在电话里说，太辛苦了就回来吧，我可能真的就坚持不下去了。所以我就想，一定要先坚持把这件事情做成。”

梅老师最终是将这件事做成了。千之语或许不是完美的，但无论是它所在的外部环境，还是内部氛围，都能体现梅老师坚守的理念。随着千之语成立，她不再只是千千的妈妈，也是整个机构的负责人梅老师，是为更多的家长和孩子提供支持的梅老师。

负责人梅老师：严格也温柔

作为机构负责人的梅老师需要考虑很多方面的问题：机构的生存，家长的负担能力，老师的工作质量……梅老师对每个问题都有很明确的见解，并且对自己的运营管理能力有很严格的要求。

因为民办非企业的注册有诸多限制，千之语不符合要求，只能工商注册。这就意味着虽然千之语带有公益性质，不是纯商业营利的公司，但它仍无法像民非注册的单位那样享有相关的政策性支持或补贴，需要自负盈亏。

“纯公益走很远，那是天方夜谭。”梅老师在这点上很坦率。机构提供的服务需要收费，需要有收入，才能维持其自身的良性运营和发展。

但另一面，梅老师也知道很多特殊儿童家庭的苦衷。

“有很多家庭是很困难的，是父母降低了自己的生活质量，从口粮里省下钱，让孩子来康复。所以我一定要想办法，尽量让他们花最少的钱得到最优质的康复，而且这个康复一定要是可持续的。”

对于在机构里工作的老师，梅老师也不愿意亏待他们。虽然无法给予特别的高薪，但按照具体工作的安排，该给的工资一分都不能少，该保障的休息时间也一点都不能克扣。

“我是带着一颗做公益的心来做这件事情，但是对于他们来说，这首先是一份工作。虽然他们很好，不会索取什么，但我很清楚，不能把自己做公益的心强加到他们身上。”

面对家长，梅老师有她非常严格的一面。她认为，需要康复的不仅仅是孩子，还有家长。因为机构与医疗系统所能带给孩子的康复只有30%，其余70%来自于家长和家庭。家长的良好情绪状态以及他们所构建的家庭氛围对孩子的康复有最积极有效的促进作用。所以，她会很直白地要求家长：要坚强，要自救，不要先想着依赖别人。

"累的时候有，难受的时候也有，但家长首先要自己调整，要坚强，不然的话你怎么陪伴孩子走下去？你如果连别人异样的目光都接受不了，那你连带他出门都做不到，只能把他送到一个像养老院一样的地方待着。如果你想让你的孩子有好的生活品质，你就要战胜这一切，无论是来自生活的还是来自社会的，你都要积极地面对。别人不接纳你的孩子，你首先自己要以积极的态度接纳他。这是一定要做到的，因为家长的精神面貌和心态直接影响孩子。"

别人可能不太会对一个特殊儿童的家长说这么严厉的话，但梅老师在这点上就不会拐弯抹角。她笑嘻嘻补充说："别人不能这么说，但我能啊，我也是家长，我自己就是这样一路走过来的。"

在这份严格的背面，梅老师对每一个家长也有非常温柔和体贴的心思。有一些家庭为孩子准备的康复预算有限，梅老师就会想办法帮他们规划这笔预算，尽可能地保障这个孩子的康复可以持续进行。

"比如说，有个孩子，他需要三方面的康复，语言的、手功能的、运动的。但他们家的钱有限，如果三项康复都做，可能不到半年，他们的预算就用完了，那这个孩子的康复就要停掉了。一停掉，必然会倒退，所以我要帮他们想办法，在他们的预算范围内，让他能够获得需要的康复训练，并且是持续的。"

"这种情况，能怎么办呢？"我问。

"我会建议他们在千之语做运动的训练，因为这个是很难在家里进行的。只做这一项，他的预算就能保证这个孩子的康复不会因为没钱而中断。"

"那另外两项怎么办呢，以后再做吗？"

"不，同时进行，但另外两项是家长可以在家里给孩子做的。我这边的老师会给孩子评估，然后对家长进行培训，教会家长怎么自己在家给孩子做康复。这个就是免费的。"

我又想起梅老师先前说过，她一直觉得最初建议她带千千去诊断的早教机构负责人很有良心，因为他们没有为了赚钱而让千千继续做不适合的早教；她还说过，在千千的康复过程里，她深刻明白了持续康复的重要性。她和千千一路接收到的善意和累积的经验，如今都被放大，又渗透到了千之语工作的点点滴滴里。

梅老师这份严格与温柔的心，也在一定程度上使千之语有了一块专业程度高、实操性强的业务——家长培训。家长培训先是在千之语内部进行。既有观念、理念上的培训——要从现在开始就培养孩子的自理能力，尽量让他做自己能做的事情；也有康复训练实际操作方面的培训，梅老师认为家长一定要自己会，即便没有任何人帮助，也要懂得自救，懂得怎么帮助孩子。目前，家长培训项目已经走出千之语部，在宝安区推广，很多家长都从千之语专业团队的培训中获益。

随着千之语的发展，梅老师也在工作—思考—反省的过程中发现各种新的问题。她开始特别关注 7—12 岁和 12—16 岁的特殊青少年的生活，尤其是如何陪伴和支持他们度过青春期和叛逆期；如何以社区为单位，为他们构建一个适合他们成长，有利于他们参与和融入社区的环境。她发现，服务特殊青少年的机构往往会根据这些青少年的年龄增长，将服务重点放在职业培训和就业上。被安排接受职业培训的特殊青年们可能需要长时间坐在模拟工作台边训练工作技能，可能要长时间等待就业机会，也可能只能领取一点象征性的酬劳。

梅老师开始思考，就业真的是这些青年在这个阶段的全部生活吗？在职业培训的过程中，他们是否会错失锻炼生活能力的机会，错失对就业之外的生活的体验呢？一位同行——向阳儿童发展中心的李宝珍老师的一番话给了梅老师很深的启发：可能不是所有人都能做到敬业，但是可以敬重生活——认认真真地去过每一天，去过完整的生活。

千之语开展的培训项目

什么是完整的生活？怎样支持特殊青年过上完整的生活、尽情生活，而不是让他们在20来岁的时候就在别人的安排下开始宛如养老的日子？这是梅老师新的思考。她已经初步设计了一个名为“美好生活”的长期计划，将完整的生活界定为四个面向：生活、工作、学习与休闲。支持特殊青年根据自己的需求平衡好生活的各个方面，每一天都有合理的安排，每一个时段都有合适的去处，同时也为下一个生命阶段的美好生活打好基础。

“美好生活”依然是一个不容易做的议题，这个计划不是通过某个机构或某几个人的努力就能落实的，而是需要社区方方面面的努力和资源的投入。梅老师也坦诚，目前资金、资源和专业师资都很缺乏。

“但是也不能等到什么都有了再做，在有限的资源下，也要先做起来。”梅老师这样说，依然是非常梅老师的风格。

千千的飞吻

创办了千之语以后，梅老师就没有办法时时刻刻陪在千千身边了。正如所有的职场母亲，她也要面对事业和孩子之间的平衡，也难免会因为工作繁忙而对千千感到歉疚。

“等他再大一点，会和他说说千之语吗？为什么会创办千之语，千之语和他有什么关系之类的？”

“千之语的千，就是来自他的名字。别的，他可能还没有这么快能理解吧。”

有一次，和梅老师一起走过千之语的走廊，在一间教室门口，梅老师停下来说，看，这就是我儿子千千。

千千遗传了妈妈的白皮肤，长得很帅。我们经过的时候他正在教室里的软垫子上，在老师的指导下做康复训练。看见梅老师走过，他很开心地转过脸来，喊“妈妈”，然后伸出小手给梅老师一个飞吻。

小小的飞吻，甜化了。

我看到了千千的眼睛，就像梅老师说的，那是一双很有神的大眼睛，他的眼睛会说话。

“你知道吗？有一次，我们问他，妈妈是什么？他就从路边摘了一朵小花，说，给妈妈，妈妈是花。”梅老师说起这个的时候，也笑得非常甜。她不再是多年前那个焦虑奔波的“千千妈妈”，而是千千眼里那个像花一样的妈妈。

反思笔记

在梅老师身上，我们可以看见她的两个身份。

她是千千的妈妈，一位坚强的母亲，陪伴千千康复，尽全力让他快乐。这样一位母亲的故事是感人的。她还是创办并管理着千之语的梅老师，一位善于思考、认真负责、有事业心的机构负责人。这样一位职业女性的故事是令人敬佩的。

从千千的妈妈到梅老师，我们看到了一位普通的女性是如何面对、接纳一个意料之外的"礼物"——一个有特殊需求的孩子；如何在经历了焦虑和无助后一点点成长、蜕变，成为一位为特殊儿童服务的机构负责人；再进一步成为这个地区里的行业带头人，为他人提供帮助和专业的指导。这样一个从"弱者"到"强者"的转变、自我赋能的过程写就了一个励志的故事。

在访谈梅老师之前，我已经认识了很多心智障碍儿童的妈妈。她们各自有着不同的出身、背景、经历，有一些妈妈仍然在焦虑中，有一些已经决意放下自己的一切，全身心地扑在孩子的康复和发展上，还有一些妈妈则像梅老师一样，在陪伴孩子的同时创办了与特殊孩子有关的机构。这些妈妈们，无论处在哪个阶段，都有一个共同点——她们都很坚强。我在这些妈妈身上学到了很多，有一阵子我会想，因为看到了这些坚强的妈妈，如果以后我有一个有障碍的孩子，可能我会比别人更坦然地面对。

就在不久前，我从幼儿园时期起的朋友在产检的时候被告知她的孩子有可能会是一个有障碍的孩子。她来问我，你觉得我该生下来吗？那时候我才发现，我依然没有办法坦然面对这个问题，我也没有办法跟她说，生吧，就算是个有障碍的孩子也没有关系啊。我朋友看出了我的犹豫，就问我，你认识这么多坚强的妈妈，你是觉得我不够坚强吗？并不是。只是我不希望我最好的朋友非得从此选择"坚强的妈妈"这种 hard 模式。

如果换一个视角来看梅老师，以及许多特殊儿童的妈妈们的经历，我们会看到什么呢？我们会看到，对残障的偏见、污名和歧视都是客观存在的；残障人士人生的各个阶段——早疗、教育、就业、社会融合过程中面临的各种社会障碍也都是客观存在的。不只有残障人士在经受这一切来自社会环境和态度的压迫，残障人士的照顾者，尤其是母亲也经历着这些压迫。而母亲这个身份，同时也在性别、社会分工等并不平等的社会结构里。残障、性别等多重不平等的社会结构都交织在“残障人士的母亲”这一身份上。这些妈妈们不仅要托起自己孩子的一生，可能还要单枪匹马地去推倒一个又一个挡在孩子面前的社会障碍，在荆棘中为自己的孩子开一条路。

遇到了像梅老师这样坚强的妈妈，我们看到的是感人，是励志，是小千千成长为一个快乐的小甜心，是梅老师能够将自己经历过的一切艰难和恩典都转化为经验和力量，去支持其他的家长。但如果遇到了不那么坚强的爸爸妈妈，很可能就是另一个故事了，极端情况下，就是此前脑瘫女童被父亲和爷爷溺亡的惨剧。

即便是十分坚强的妈妈，也总有她们无法解决的问题。特殊儿童的早期康复、特殊少年的学校陪读、特殊青年的职业训练，这三个阶段或许都是妈妈可以“陪”的。但再往后呢？再坚强的妈妈都会老，都会离开。如果一个有特殊需要的人除了坚强的妈妈以外再没有其他的社会支持，他会怎么样？2016 年，西安某大学教师突然离世，留下没有自理能力，无法与任何人沟通的 27 岁自闭症儿子；2017 年，广州 83 岁黄姓奶奶独自照顾智力障碍的儿子 40 余年，终不堪重负，杀害其 46 岁的智力障碍儿子后投案自首。这两则新闻里的妈妈都坚强了几十年，但在时间、社会环境和生命规律面前，她们的坚强仍不足以避免悲剧。

残障，是个人的疾病、缺损、差异与各种社会障碍及偏见的态度互动的结果。它不是个人或家庭的问题，也不应完全由个人或家庭解决；它是一个社会问题，应由社会解决。但是，我们的社会似乎正在逼着残障人士的妈妈们成为无坚不摧的超人，去解决那些本该由社会解决的问题。

为什么妈妈们就一定要坚强呢？在那些或是坚强而励志，或是坚强但仍逃不过命运悲惨的残障人士的妈妈背后，是一个有缺陷的社会。它仍不能接受多元的生命样态，不能认可生命多样性的价值，它缺乏包容，也缺乏对个体的支持。

这，是一个让人羞愧的现实。

我们的社会是需要修补的。在这件事情上，很多的妈妈都走在前面。

在访谈梅老师的时候，她正在构思“美好生活”的计划，即将生活分为四个面向——生活、工作、学习与休闲，以社区为单位，支持有特殊需求的青年平衡生活的各个方面，培养他们在社区中独立生活、尽情体验生活的能力。如果这个计划能够逐步落实，那它将对心智障碍人士的独立生活和融入社区有非常大的贡献——这个计划在一定程度上就是“独立生活和融入社区”

这个大目标该如何实现的具体一步。它所回应的恰恰是现在许多心智障碍人士的家长所担心的问题——如何让我们的孩子过有质量的生活？当我们老了、死了，我们的孩子怎么办？

应当看到，“美好生活”在本质上已经不只是为一些有特殊需求的群体提供服务，而是关乎更深层的社区发展、社会结构和资源配置的问题——是把残障作为家庭问题，社会只是给予简单的救助，还是把残障作为社会问题，由整个社会投入资源，移除社会中已有的障碍和偏见，让我们的社区和社会都成为更加多元、包容、支持性的、有利于残障人士生活的环境？

如果残障人士能够在支持性的社会环境中生活，那他们就有机会逐步发展各方面的能力，参与社会、回馈家庭、回馈社会。如果是将残障作为家庭问题，将社会支持矮化为救助，那残障人士很难在缺乏支持的社会中得到充分的发展，他有可能一生都需要社会救助，而且所需的社会资源投入会越来越大。从这个角度看，整个社会都需要像“美好生活”这样的计划能够落实。

梅老师，以及许多像梅老师这样的特殊儿童的妈妈都从自己的经历里看到了更大范围内的社会问题，她们也都被自己内心的动力——或是为了自己的孩子，或是为了自己的孩子所在的群体——推动着，以自己的力量成为撬动这个缺乏多元、包容和支持的社会结构的起子。她们已经做得足够多了，更多的社会主体都应该被动员起来，因为一个多元、包容、支持性的社会是关系到所有人的。

希望有一天，妈妈们可以不用再那么坚强。当她们在考虑是否要迎接一个有特殊需求的孩子，如何养大一个有特殊需求的孩子的时候，她们不再需要面对一个充满了多重不平等的社会，不需要孤军奋战，而是能够相信自己和自己的孩子都会从社区和社会里得到充分的支持，都能尽情活出各自生命的价值。

附　录

《他们：九位残障者的故事》引发社会广泛关注和讨论

新书发布

《他们：九位残障者的故事》新书发布会在深圳大学召开

2018 年 12 月 22 号，在中国残联主办、深圳大学承办的第十二届中国残疾人事业发展论坛——改革开放与中国特色残疾人事业发展现场，深圳大学残障与公益研究院隆重举办《他们：九位残障者的故事》（以下简称《他们》）新书发布会。发布会由中国新闻奖得主、深圳广电集团的孙立遐老师主持，中国残联副主席、副理事长，残疾人事业发展研究会会长程凯先生，广东省残联理事长张永安先生，深圳大学副校长李永华教授等嘉宾，文中的主人公残障人士及其亲友代表，深圳市宝安区残联理事长杨洪流先生，深圳市阅读推广人袁静老师，南方日报出版社刘志一先生以及周林刚教授团队悉数登场。

程凯先生、张永安先生、李永华教授等嘉宾同残障朋友合影留念

《他们》包含九个故事，其中有八个是残障者的故事，一个是特殊儿童的母亲的故事。他们在不同的人生阶段以不同的方式经历了残障，接纳了残障，并与残障相处。八位记录者倾听他们讲述自己的故事，并且在本书中呈现给读者。每个故事结尾，记录者还附上了“反思笔记”，记录了作者不断反思自我、不断提升自我的轨迹。

主流社会对于残障的构建和呈现往往两极化，或是悲情的，将残障当作个人悲剧；或是浪漫化的，将残障者作为励志典范。《他们》一书希望带着读者去除“健全人”中心视角，反思“悲情化”和“浪漫化”残障叙事模式。

该书主编、深圳大学残障与公益研究院院长周林刚教授介绍，《他们》的定位既非学术也非娱乐，而是致力于通过对九位残障者生活的记录拉近普通读者和残障者的距离，从而反思、消除个人观念中的一些固有的偏见，倡导正确残障观，给予残障人士“平等”“尊严”“权利”，而不是“同情”“怜悯”“可怜”。

在论及写作出发点时，周林刚教授说：“相比残障理论研究，残障观念的正位，尤为重要，尤为迫切。《他们》一书出版旨在做社会价值观倡导，旨在传递正确的残障观。”

作为特殊孩子的妈妈，梅老师满怀期待地说：“家长们常年累月的劳碌奔波，带着孩子治疗，目的只有一个，就是希望自己的孩子能真正地融入社会，与正常人交往，过上相对正常的社会生活。”

“我有脚，却无法走路，别无选择，似乎注定了在常人眼中我们就是另类。多么希望社会上不要有异样的眼光来看待我们，我们不需要同情与怜悯，我们同样有尊严，有生命的意义和价值。我坚信，轮椅上的岁月一样精彩。”渐冻人戴露坦露了作为残障人对于生命尊严的强烈渴望。

视力残障者黄志坚先生说：“2 岁时一次外伤，因用药不当而导致了失明。我在 12 岁以前，除了眼睛看不见以外，生活和普通孩子是一样的。后来去盲人学校上学之后，接触的就都是视障者。所以，我很期望以后融合教育能够真正地推广开来，而不只是某一部分才有。2018 年是改革开放 40 年、中国残联成立 30 年，也是深圳市建立无障碍城市的第一年，我真切地希望，这里能真正建立起适合所有人群生活的无障碍之城。”

著名阅读推广人袁静老师评论：“这是一本非虚构文学作品，它没有简单地定位为弱势群体关怀，没有‘自上而下’的文化同情色彩，而是借助九个真实的故事，九种不同的人生境遇，传递出更为宽广的文化理解与生存关怀，落实在一种更为平等、包容的生命关怀层面上，书写对差异的包容。作为阅读推广人，我乐于把自己的阅读收获和感悟分享、传递给大众，因为我相信文字的力量，相信叙事的力量，相信阅读的力量，相信这本书中真实故事的力量。”

深圳大学副校长李永华教授指出：“周林刚教授带领团队在过去一年多的时间里采取深入田野调查法，深入基层、深入残障朋友的家庭，深入残障朋友工作场所，涉及的访谈资料长达 180 多万字，最终凝聚成这一本厚重的书籍。该书以生动的访谈、讲故事的方式惊醒社会，充分显示出周林刚教授的社会情怀和底层情怀，这也是我们高校服务社会的具体体现。心阳光，世界就阳光！心阴暗，世界就阴暗！残障是一个棱镜，透过这九个残障者及其亲属的故事，给予社会各界很多反思；透过这九个故事，我们可以看出中国残疾人事业的发展轨迹与进步路径；透过这九个故事，我们也可以清楚地看到，残障人士及其亲属在教育、就业、康复、无障碍等方面所面临的种种社会障碍；透过这九个故事，我们还可以看到，社会公众对于残障人士的‘污名化’和‘刻板印象’，社会观念多停留在‘同情’‘怜悯’层面，同‘尊重’‘平等’理念还有一段距离。”

程凯先生在新书发布会致辞

中国残联副主席、副理事长，残疾人事业发展研究会会长程凯先生评论："周林刚教授和他的团队，走进残障人的生活，走近他们，听他们诉说一些生活中的困难，并用专业的视角去研究这些困难产生的社会、经济、文化等方面的原因，并且将它们阐述给我们所有的读者。这种放下姿态、走近残疾人的研究视角，我认为是最具有推荐价值的东西。在今天这样一个高端的学术论坛上，举行这样一个隆重的新书发布仪式，具有十分重要的意义，也呼吁我们研究者要真实地、主动地走近身边的残疾人，不要只选择典型的个案，而要通过一个个具体的普通的、残疾人故事展示社会发展水平。"

中央人民广播电台、中国时讯新闻网、深圳卫视公共频道、深圳卫视财经频道、凤凰网、《深圳特区报》、《深圳晚报》、《晶报》、残障之声等媒体对新书发布会进行了全面报道，产生了良好的社会效益。

深圳大学举办"助残有您　为他们点赞"第29届全国助残主题活动座谈会

2019年5月14日上午，第29届全国助残日主题活动座谈会在深圳大学图书馆北馆二楼会议室举行。中共新余市委常委、宣传部长，中共南山区委（挂职）常委郭力根，深圳大学中国经济特区研究中心主任、深圳大学"一带一路”研究院院长、深圳大学原党委副书记陶一桃，深圳市残疾人联合会副理事长尹葵，南方日报出版社社长周山丹，深圳大学残障与公益研究院院长周林刚，《他们》主人公代表戴露、戴姗姗兄妹，深圳大学共青团委、社科部、后勤部、校医院、管理学院相关部门人员以及社会各界人士参会，共商“助残”主题。

深圳大学举办的第29届全国助残日主题活动嘉宾留影

周林刚首先介绍了深圳大学残障与公益研究院的相关工作。他表示，在第29届全国助残日即将到来之际，深圳大学首次举办以助残为主题的高端论坛。过去这些年来，深圳大学残障与公益研究院为助残事业做了许多工作，团队利用一年半的时间深入到残障人士的工作和家庭中，了解他们的生活和想法，写成了《他们》一书。该书致力于通过对九位残障者生活的记录，拉近普通读者和残障者的距离，倡导正确的残障观，给予残障人士“权利”“尊严”“平等”，而不是“同情”“怜悯”“可怜”。周林刚说，助残事业需要社会各界人士共同努力。

郭力根对深圳大学在助残事业上的成就予以肯定。他说，作为一所包容性强的大学，深大下一步可以考虑如何将助残工作融入粤港澳大湾区的建设当中，实现更大的发展。他还表示，对残障人士不仅仅要有关爱，更要倡导平等的价值观。

尹葵表示，周林刚教授团队为助残工作作出了巨大贡献，社会各界人士也对助残工作给予了很多支持。他表示，随着社会文明程度的提高，对残障人士的关注将体现在社会的各个行业、各个地方。深圳残联会更进一步把助残工作做得更好。

《他们》封面设计者邹卫表示，自己因参与了该书封面的设计而受到感染，平时也会策划和参加关于助残的公益活动。深圳广电集团孙立遐老师表示，媒体应该反思自身，树立和传播正确的残障观。深圳大学艺术部教师刘丽琳表示，作为音乐系青年教师，应带领学生们传播正确的残障观，帮助更多的残障人士。深圳大学共青团委书记殷涛表示，共青团在助残方面有许多工作可做，平时可以组织青年志愿者去帮助残障人士，暑期可以组织社会实践让青年人去了解、关爱残障人士，在创新创业方面可以从科技助残的角度更好地帮助残障人士。深圳大学管理学院党委书记何军表示，我国的残障人士规模庞大，但是在公共场合见到的残障人士却不多，说明我们的助残工作还有许多工作要做。

《他们》主人公代表戴露先生表示，自从该书出版之后，自己和家人得到了很多关注和帮助，令他们非常感动，鼓舞他更加努力地工作。戴姗姗女士对大家的关注表示感激，称这本书让她和许多残障朋友相互熟悉，收获了对未来生活的信心。

陶一桃做总结发言。她表示，许多残障人士坚韧的意志和强大的精神力量是社会文明的重要组成部分，对残障人士的态度不仅体现社会的经济发展水平，更体现社会的精神文明建设水平。她呼吁人们倡导正确的残障观，平等对待残障人士。她相信，在社会各界人士对助残工作的关注支持下，助残工作定会迈上新的台阶。

读者心声

他们的故事——与君歌一曲，请君为我侧耳听

赵　星[①]

读完周林刚教授主编的《他们：九位残障者的故事》，合上书页，却仍沉

① 赵星，北京师范大学图书馆馆员、文学博士。

浸在他们的故事里。通过这本书，我第一次如此真切地感受到残障人士的生活状态与精神世界。

通读全书，有三点感触十分清晰。

我们应该用更平等和尊重的心态来看待残障人士。一个社会的文明程度，体现在这个社会如何对待弱者以及妇女、儿童上。与不断提升的妇女和儿童权益保障相比，残障人士的生活水平和权利保障提升较缓慢。放眼四望，我们的生活场景鲜少见到残障人士。我们最为熟知的残障人士的出现场景，是地铁站、天桥、地下通道的角落里。我们见的最多的，是那些放弃了自身尊严，在生存线上挣扎的残障人士。而这样的场景又加深了我们的刻板印象，认为残障人士就是需要施舍和救助的对象，是我们表达爱心、参与志愿服务的对象，仅此而已。读完《他们》，我才发现，这样的刻板印象是十分错误的。残障人士不喜欢廉价的施舍，不需要高高在上的同情，他们在精神层面上讨厌这样不对等的关系。不平等的相处，会给对方一种强烈的耻感，这种屈辱的感觉，会给人的精神造成二次伤害。他们希望社会能用一种平等的视角来同他们对话，来看待他们这种较为显性的“残缺”。爸爸妈妈和老师蹲下来耐心倾听小朋友的叙说，体现的是一种平等的关系。什么时候残障人士要求无障碍设施就像我们要求饭馆提供宝宝椅一样理直气壮了，什么时候我们才算是真的在以平等的视角来对待残障人士；什么时候我们能见到更多的残障人士在马路上与我们擦肩而过，在校园里谈笑风生，在公司和机构为我们提供劳动服务，能见到残障人士过上了和我们并无二致的生活，我们才算步入了更加文明和进步的社会。在《他们》这本书中，清晰可见，每位主人公在自己的人生道路上，除了和自己的残缺对抗，他们花费最多时间和精力的就是追寻自己的人生价值，实现自我。左足轻微残疾的成阳是一名优秀的儿科医生，她因为幼年小儿麻痹症的经历，对先天不足的婴幼儿有着感同身受的怜恤，已接访 3520 例早产儿家庭。患有渐冻症的戴露由于身体原因，不得不和自己拥有天赋的画画、音乐爱好告别，不停地学习“失去”这一课，又不断地重新找寻生活的意义和自身的价值，他最近开启了“每天工作 16 小时，坚持 100 天”的挑战，在淘宝店经营自己的香水品牌。看到他们这样努力地为自己的人生奋斗着，我觉得他们也可用“高大挺拔”来形容。正如简·爱对罗切斯特先生所言：“我们的精神是同等的，就如同你跟我经过坟墓，将同样地站在上帝面前！”

人生实苦，各有各的苦，放下健全人的优越感，向残障人士学习他们攻坚克难的精神。残障人士和我们不一样的地方在于，他们从遭遇残障的那一刻起，就注定要和身体的残障作斗争。失明了要与黑暗世界抗争，失聪了要佩戴助听器学习说话，有精神障碍要按时吃药恢复精神，如果是渐冻症、白塞氏综合征这类罕见病，就要跟越来越失控的身体一点点和解，面对不断的失去调整自己的状态。在《他们》中九位残障人士的故事里，我看到了生命不息奋斗不止、昂扬向上的精神和斗志。命运的安排他们无从选择，但面对上天的捉弄，他们选择做一名勇敢的斗士，而不是逃避、哭泣的懦夫，这种精神，是人类共有的宝贵财富。对残障人士来说，一开局就是 hard（坚难）模式，其实他们的人生在精神层面而言，更值得我们尊敬。对健全人而言，把一手好牌打得稀烂的人也不在少数，我们有什么可嘚瑟的呢？

感谢周林刚教授和他的团队，为我们呈现了这么多精彩的故事，为消除社会对残障人士的偏见付出了极大努力。《他们》为我们了解“他们”开了一扇窗，这种真实的记录，拉近了我们和残障者的距离。看着书，仿佛是听着九位残障者在我耳边轻轻诉说他们的人生故事。以后再见到残障人士，我想我可以用更平和、更平等的心态来面对。之前做得不对，是不知道应该怎样做，现在知道了，会努力做得更好。期待社会为更多残障人士发声，期待更多残障人士有条件有意识地为自己发声。在一个社会更关怀残障人士，残障人士也更自强自立的良性循环中，我们期盼着一个更平等、更文明、更美好的未来！

一本以平等视角写作的好书

渔夫之友

基于菲利普·波佐·迪·博尔戈的自传《第二次呼吸》改编的法国电影《触不可及》，讲述因跳伞导致瘫痪的富翁和黑人保姆相互帮助的故事，告诉我们，对待残障人，平等比同情、怜悯更重要，加上浪漫幽默乐观的法兰西元素，瞬间提升了艺术格调。难怪当年一公映，就让陷于经济迷雾的法兰西好一阵沸腾。

手上这本《他们：九位残障者的故事》，没有法国电影的浪漫手法，读起来却是另一番滋味，心理感受上殊途同归。它的发布犹如在国内残障研究圈内投入一枚深水炸弹，引起了极大反响。连中国残联副主席程凯也高度点赞，认为“只有我们自己阅读，阅读最真实的故事，才会对我们的人生、对我们的思考、对我们的格局产生影响”。因为“心阳光，世界就阳光，心阴暗，世界就阴暗”。

作为一个普通读者，本来就被日常生活的压力和焦虑所困，有必要去窥视这个外人看来充满黑暗和压抑的特殊人群圈子吗？

我曾把这个问题抛给主编周林刚教授，初始他们也有同样的担心，因为人人都有先入为主的观念，改变也不可能一朝一夕，但他相信如果通过阅读理解，人们的残障观有一点点改变，或内心有一点点感动，该书的目的就达到了。他说欲正人先正己，在开始采访前，他们团队召开了 20 多个大大小小的研讨会，主要目的是想先纠正研究团队参与者的固化旧有观念，树立一种新型人文观去观察和记录，所以该书最终得以呈现给读者一种客观和平等的视角。

阅读本书的第一个感受，是它能客观描述这个特殊群体的普通生活状态，既没有身残志坚的俗套，也没有一声叹息的沮丧，他们的生活和他们的身体缺陷一样，都有种种不完美不如意，这才是真实的生活本身。

第二个感受，是它既有对这群特殊人的幸福和痛苦叙述，也有普遍意义的人性弱点和闪光点。书中第一个故事是一位功成名就的儿科女医生的故事，她的人生看似近乎完美，但那种轻微身体缺陷造成的心理伤害却如影随形，痛入心扉。

其他八个故事都沾着更多的苦和泪，但也绝不贩卖怜悯和悲情。如有想跳出盲人按摩这个职业常规出路，曾做出无数次反抗却最终无奈妥协的故事，带有些许西西弗神话式悲壮；放弃外国生活、挣脱妈妈照顾的瘫痪女孩的自我折腾和任性以及充满迷雾的未来；三个渐冻人兄妹活出常人般的美丽人生，尤其哥哥从开照相馆到开淘宝店，从娶美丽爱人到生育培养聪明优秀的儿子，看似过上普通人的幸福生活，背后却付出了百倍的努力；还有那个工作后才患上精神疾病的艺术女孩，想过普通生活的渴望，及从留守“中途宿舍”的无奈到适应；自闭症儿童的妈妈起初是为儿子，最终为这个群体所展现的勇敢与奉献，无不透出与命运抗争的顽强，对机会判断失误的惋惜，活出自我的艰难，以及来自亲人和陌生人的爱的光芒。

第三个感受，是它给普通人打开了另一扇窗，以平等视角对残障人士进行研读。对这些有着特殊烙印的特殊人群，只有通过客观的研读，才能加深对他们的理解，尊重才能由心而发。比如外表健硕阳光的阿 bu，其实是白塞氏综合征患者，由于经济不允许，基本靠激素和参加马拉松来对抗疾病，他对人类痛楚的深刻理解使读者留下深刻印象，原来认真对待和清晰描述自身的痛楚，也是一种人文进步。

在了解到该书背后的一些故事后，我还对周林刚教授及其团队表示敬意。他们为了加强采访深度和沉浸性体验，有反复碰壁和试探，有事前经历黑暗密室体验，也有过在精神病院内和众多病友的深度交流。参与采访的多数是在校学生，虽然水平参差不齐，但被采访对象感动是常态，分享到被采访对象因生活小惊喜带来的温暖和喜悦也是常态，每篇采访后面的反思笔记更是凝聚了满满的人文情怀与人性剖析的勇气。

经过近两年的努力，在各界人士和组织的支持与关心下，周林刚教授团队最初交出的是180万字的研究成果，为了便于推广和阅读，他们最终忍痛割爱，浓缩成现在只有21万字的小册子呈现给普通读者，所以现在读到的都是精华。

我了解到该书的背后还有一个小插曲。其中一位访谈者黄裔，在英国读书时就深入当地的精神病院做采访，并写出了中国版的《飞越疯人院》，已被国内顶级团队看中，并拟改编成电影。类似黄裔这样的记录者所写的故事都具有较高可读性。

此外还有作为学术类的田野研究，周教授团队与每位故事的主人公都签订了规范的法律责任合同，确保故事真实性和严谨性。题目也是经反复推敲，用现在的书名，取代了拟取的"棱镜"，突出了本书用讲故事的形式做研究的基调。新书发布会上还请来几名故事主人公，通过他们的另类叙述，展现他们面对命运的力量和勇气，场下数百人用低咽声和偶尔的泪中带笑向他们致敬。

《他们：九位残障者的故事》，就是九个关于爱与温暖的故事，也是田野研究通俗化的一次创新尝试。只要这种尊重发自内心，不用小心翼翼时刻防备，坚强如"奇葩"者蔡聪估计也会乐于接受的，因为那是对生命和高贵灵魂的敬畏，就如同《触不可及》里的故事主人公一样，和命运抗争并和解后，你可以优雅说出泰戈尔的经典之语："世界吻我以痛，我欲报之以歌。"

网络热议

《他们》一书出版后，得到了社会各界的热烈讨论。很多社区举办了该书的读书交流会，大家通过读书交流、谈感想见闻，反思了自己以往或许不够正确和完善地看待残障群体的观念，也对社会中无障碍设施的不完善等现象进行了讨论。一些小学举办了读书会，感受书中主人公的生命故事，从而为从小培养孩子们正确看待残障打下了基础。在网络中，本书也引发了诸多话题的热烈讨论，让“残障学”的理念成为网络热议话题。比如，在 bilibili 网站上一位网名为“大程子好妹妹”的残障女孩发布的《残障是一种怎样的体验｜关于歧视和刻板印象｜我爱残障学》视频在网上热传，点击量已接近 14 万，点赞数近 1 万，大家纷纷对《他们》介绍的“残障学”概念表达关注。该视频介绍了《他们》在推动“残障学”概念普及以及正确残障理念上的意义和贡献。

《他们》阅读活动

视频作者也结合自己的亲身体验，对社会民众中存在的诸多对于残障者的刻板印象和社会歧视现象进行了评论，并认为残障理念的正位非常重要，也需要所有社会成员共同努力。这些话题引发网友的强烈共鸣，大家纷纷收藏、点赞、评论、转发，在留言评论区也出现了很多精彩的感想，以下是一些精选。

#坡头爱吃葡萄：从学术的角度来说，残废、残疾和残障是残障观念认识的三个阶段。残废是将问题归咎于个人，是要个人承担责任的；残疾是将问题归于疾病，认为是可以治愈的，是福利视角；而残障是社会视角，认为残

障是客观存在的，是社会的障碍导致的不便，而非当事人本身所导致的。说个最简单的，如果没有眼镜，近视、远视、散光严格意义上都是残疾，但是为什么我们觉得这是正常的，很简单，眼镜消除了这种障碍，所以没有人说近视、远视、散光是残疾。中国社会目前处于第二个残障观念认识阶段，我们需要向残障阶段发展。当我们真正理解残障的概念，才能实现平等。残障人权要求的并非是他人的怜悯，而是无障碍地在社会生活，怜悯有时候也是一种歧视。

#南歌初抒：我有肢体残障，真的对“大程子”说的很有感触。这学期有个学长来找我，说要以我为素材，拍一部励志纪录片当毕业作品。我当时就蒙了，我说我不想拍，我不想让别人觉得我惨、我可怜，我明明很努力地融入大学这个群体，使自己当一个普通人。但学长一直说什么毕业题目交了，改不了了。我当时哭了一晚上。每个人都只会跟我说你好励志啊，残疾还能来上大学，但我真的不希望听这种话。我只是一个普通人，只不过有一些正常人能做的事我无法去做。家里的亲戚每次都说什么你这个情况以后怎么找工作，我现在觉得压力好大。每个人都只会说我笑嘻嘻的，但也没人知道有些时候我真的特别想死。

#我不知道怎么注册：精神科医生一枚，不知道大家知不知道，对于精神病人来说，我们的大部分工作花在如何消除他们的病耻感上，而不是花在治疗上。某种程度上来说，他们内心的感觉和残障人士是一样的。

#是男陈啊：我是肢体残疾。但是我一直积极向上，上学、读书、旅行什么都不耽误。一开始家里怕别人的眼光会影响我，不太希望我到人多的地方去。后来大概是我太阳光了，家里人就慢慢打消了这种顾虑。哈哈，我可真是个小太阳！同意“大程子”的话，希望大家平等对待我们，不要用异样的或者怜悯的眼光看待我们，我们也是普通的人啊，我们也可以很有趣很积极！

#墨洒惊花：我是一名学习室内设计的学生。曾经应学校课题要求，做过一次叫做“最美无障碍”的调研。我们拜访了一位盲人按摩师傅，聊天交流中改变了我们对残障人士的很多刻板观念，甚至感觉到自己准备的问题有些幼稚。从中我们也了解到残障人士在社会中充当的角色不明显，就像“大程子”说的“隐形人”。怎样让大家更好地融入社会不仅仅是残障人士单方面的事情，以后从事设计的话我也会多多考虑关于无障碍设施的设计，让它融入建筑中，服务于老人、小孩、残障人士和某一天同样需要它的你我。

#心亭子衿：很有道理。残障个体是人类这个种族里不可避免的群体，不

可能被消灭掉。文明社会里，让每个人平等，他们的问题不该成为个人问题而给予特殊保护，应当由公共力量解决。

#蓝欣果然：我也是一名残疾人，这本书说出了残疾人的感受。

#吃得起蛋黄鱼皮不气了：我从小对残疾没啥概念，因为邻居有截肢的、有儿麻（小儿麻痹症）的，而且我爸也是儿麻，没觉得大家有啥区别，他们也就生活不方便而已。我认识的其他人就会特别好奇，在街上碰到残障人士盯着看，我很讨厌这种行为。之前跟一个朋友去日本玩，她爸爸也是儿麻，我们俩看到日本那么多人坐着轮椅就能上街，很羡慕，国内很多残障人士是没办法自由活动的。

#琥珀主：来美国之后，我一直很好奇为什么美国残疾人这么多，大街上随处可见，而国内几乎没怎么见到过，难道是因为美国人很容易残疾吗？后来上网了解了，发现其实是因为美国人人平等，残疾人的基本权利得到保护，所以残疾人都不避讳在公共场合出现，因为没人会戴有色眼镜看他们。就连我目前就读的公立学校里都会设有残疾人教室，他们每天和别的学生一样上学放学，没有任何不同。所以他们从内心里也是自信的、健康的，而这些恰恰是国内目前缺失的。“大程子”讲得很对，社会保障残疾人的权利是义务，就像保护每个普通人那样没什么不同，而不是施舍，不是居高临下地献出自己的爱心来收获别人的感谢。

#Shanzhonglang：我在法律援助中心工作，我很热爱这份工作，能帮助很多需要帮助的人。我们很重要的一类服务群体就是残障人士，虽然我比较反感“残障”二字，但也只能用这个词涵盖这个意思了。我们的服务大厅就有无障碍通道，但是做得还不够完善，出于一些原因，我们无障碍通道与地面之间还有一级台阶，会带来些不便。我每次接待前来咨询或者寻求法律帮助的残障人士，都是同样的礼貌和耐心，并不会觉得有什么特别的，同样是和残障人士对视，并不会看向对方的肢体，因为我怕给对方带去不自在，而这本身也是一种不礼貌。人生而平等，只要真诚善良，都是同样的个体，没有什么区别。

#阿瑰与阿鬼：在澳洲上学。经常能看到学校里和街边有坐轮椅的残疾人。之前有时会疑惑为什么当地残疾人比国内还多，毕竟我们人口这么多……看了视频之后，我意识到并不是外国残障人士更多，而是在国内可能更多残障人士选择少出行。在澳洲，就我所见，几乎所有地方都有无障碍设施，想想国内（我家在南京），哪怕是繁华的商业街，无障碍设施也不完善。且在

澳洲，我虽然没和残障人士交流过，但从他们的精神状态和周边人对他们的态度来看，社会是真正把他们当成普通人来看待，有额外的关心照顾，更有尊重和理解。

#Mr 裤：希望你继续为残障人群发声。理念是行为的指导，纠正理念才会减少偏见和矛盾。

#Erdenwurm：我在德国，几乎每天都能在大街上见到独自坐轮椅的残疾人士，坐公车的，买东西的，男女老少都有。有次在车上见到一个盲人阿姨，陪着她的是一只导盲犬和一个朋友，下车的时候很无助地四处摸索，问朋友“你在哪”，很让人揪心。我想说的是我来这才发现原来残疾人竟然这么普遍，在国内没有这个感觉，当然德国残障人士的比例比中国高一点，但是总数和人口密度在那摆着，看过相关调查说国内残疾人数量很多，但是没有条件让他们独自上街。我觉得德国做得比较好的一点是公共设施为残疾人考虑得比较周到，比如公交车可以自动下降底盘与马路道砖对齐，各种交通工具都有宽敞的专用空间和扶手（一般在门口，能容得下两三台轮椅），公交车、电车上到处都是按钮，停车开门自己按按钮就行，不用怕司机关门来不及下车。

#衣洸思思：总有一天，我们的社会评判个人的标准不再是外表、家庭、背景、财富等等，而应该是个人理想与生活态度。多元化的社会、多样化的文化、不同的民族、不同的性向、不同的外貌、不同的背景等，都能和谐地融入社会大家庭里，没有歧视，求同存异。

#LFstone：社会大众对于残障的理解有偏见，可怕的是大家认为这种偏见是合理的，进而导致残障人士自己心里接受了这种偏见，慢慢地感到自卑，不愿与他人交往，建立心理围城，隔绝与外界的联系，虽然他们内心渴望与他人交流，但又怕受到过多的关注和怜悯。

#露水的爱恋：从社会学的角度，我们会认为残疾不仅是先天的，也是社会造成的，不是让人去适应环境，而是让环境去适应人，假设一个下肢瘫痪的人可以在辅具帮助下去他想去的任何地方，请问“障碍”和“缺陷”还存在吗？作为一个社工，看到“大程子”为自己发声，为群体发声，太激动了！也许这就是社会变革开始的地方！

#不知不至：大家点赞收藏评论走起来呀，小姐姐说得真好，普及“残障学”概念从我做起。

#?：我是一个脑瘫，这个疾病的名称就叫做“脑瘫”。但同时，这个词也是一句脏话。虽然我和正常人一样上大学、考研、工作，甚至健身，但是一

遇到关乎信任的问题时，就会遇到很大的阻力，比如转正、升职，还有最重要的一点——恋爱。由于种种原因，我在成长的过程中，很少遇见和我一样的残障异性，我只能喜欢正常人。但是不管是少年青涩还是步入社会之后的正常恋爱，对我来说都是一种奢望。我只能希望残障人士走出来，融入这个社会。毕竟在中国每七个人就有一个残障人士。可是在社交生活中，大家想一想，你们遇见的残障人士的比例是多少？

#一只森系的小毛毛：双胞胎哥哥是一名脑瘫 + 先天性心脏 + 因脑瘫而引起腿脚残疾的人，妈妈说他小时候能活着都是奇迹。现在他和我一样专科毕业了。哥哥除了走路姿势外几乎和正常人没什么区别，要是不写这条评论我都忘了他也是名残疾人。或许是因为从小生活在一起，让我直观地感受到哥哥除了腿脚之外，性格或者能力都与正常人一样，有消沉、乐观的时候，也有属于他的自尊、自爱。有可能是从小家庭教育的原因，我们都不觉得他的腿是个问题，平常还偶尔开开玩笑，打打闹闹的。

#微风的童谣：作为一个听障人士，从小到现在受到的歧视实在是让人无语，哪怕是现在出个门偶尔听不清话都会被地铁站务员骂两句。读书工作到现在准备读研究生，受到无数伤害，但目前依然乐观向上地面对生活工作。像“大程子”说的一样残障人士要的不是施舍和感恩，而是能够独立包容。我目前的公司把我当普通人，是团队的成员，会和我谈工作，教我或协助我不懂需要帮助的地方，也会听我专业上的意见。我觉得这才是我作为残障人士最需要的公司和团队。虽然收入不高但却让我感受到什么是真正需要我的公司，这才是我们残障人士需要的真正帮助——能自信立足社会。

#硕鼠灰灰叫：我有 10 年精神都不太正常，自残自杀，看了很多心理医生，花了很多钱也治不好。如今依旧轻度抑郁，处于成人自闭症光谱区，偶尔发狂，也许这些并不算心理残疾吧，只能说先天障碍比较严重。家庭有些狗血小说情节，晚上白天像两个人。但是现在已经基本适应社会，具备正常社交能力，只是没朋友、没异性缘罢了，介于正常和心理障碍之间。修行佛教 5 年，已经解决了我绝大部分的内心问题和痛苦，通过努力适应社会，现在一般人看不出我有什么问题。我最喜欢与自我搏斗，一直在进步！有时孤独得窒息，业余时间尽情研究诗歌、西方哲学、艺术、神秘学各种兴趣爱好，每天活着，我就觉得充满正能量！所以人只要活着，一切都有希望！祝福大家！

#不是牙膏：我是特教老师，之前听过一个讲座，记得最清楚的一句话就

是："只有有障碍的社会，没有有障碍的人。"这个真的特别需要普及，我们要改变的不是特定的群体而是整个社会环境。

#北方辣妹本妹：在英国读书，三线城市的残障基础设施都特别特别完善，经常看到有不少坐轮椅和助力车的人单独出门逛街买衣服、坐公交车买东西，学校的健身房都有特需设施，所有人都觉得这是天经地义的，国内在外面可以见到的轮椅人士数量就比较少，无论是人们观念的改变还是基础设施的完善，真的是任重道远。

#墙头多到爆炸的乐：我是一名国内教育康复专业的学生，真的在没有学之前完全不懂这个行业发展情况，但是学了之后才知道自己曾经的偏见太多了。贴标签行为也一直备受讨论，其实无关贴标签而是社会对这样一个特殊人群的接受态度如何。就像我们老师曾说过的使我记忆最深刻的话，"每一种疾病都有它的流行病学和概率数，而社会中这些残疾人群体代替我们承受了这个概率，我们要做的是尊重、平等地看待他们，而不是以施舍或是为了他们感恩而去帮助他们。"

#最好的爱情是什么：感同身受！上大学的时候，全院有三个成才计划助学金名额，获得的条件是成绩全部 80 分以上、在学生会做出一定成绩等等。班上当时除了我以外，没人满足条件，尽管如此，也并不是就是每个班必须有一个名额，那时候班长就叫我出去，还有一大帮所谓的班干部，问我有没有残疾证，叫我去争取这个名额，3000 块钱，还得分一半给另外一个家庭贫困的同学，那个同学什么也不用做，也不用努力。当时有好多人，我喜欢的姑娘也在。结果我残疾的事实就没有这样准备地都被大家知道了。每次看到宣传什么身残志坚确实很烦，我只想活得漂亮，吃了什么苦或者取得什么成绩，无意让别人理会，更无意让任何人做文章。

#酱汁下饭咸鱼秋：我是一个先天性左耳失聪的学生，说话也有些不清楚，但是我觉得很幸运，虽然我的听力不如别人，甚至因此闹过很多笑话，但是我的身边一直有朋友支持我，帮助我。班里的人也都很顾及我的感受，当然也有个别人会公开嘲笑我，我也很难受。我觉得和我像正常朋友一样交往是最让我快乐的，只有那些很刻意去在意这件事情的人才是真正对我不尊重。

#Squirrel Yuyu：我是一个聋哑人，心里一直有一些矛盾。我知道作为残疾人来说，我要更努力、更优秀才可能和正常人站在同一起跑线，但是我又避免不了人性的弱点，也有很多懈怠的时候。很多人会看我上了还不错的学

校就觉得我很励志，但其实我知道自己只是靠着一点小聪明，并不够努力。我感觉吧，对残疾人，人们可能会有励志的期望，但是其实残疾人也有人性的弱点，也要挣扎。比较普通、平庸的残疾人，可能会为自己满足不了这种期望而羞愧。我现在就是为自己不够努力、不够优秀而羞愧，这种羞愧是比正常人在这方面的羞愧还复杂的。现在正在找暑期实习，很懊悔自己前几年的懈怠，但终究也要尽力试试。

#羽川翼：对待残疾人，最大的尊重就是平等，把他（她）当和你一样的普通人，只不过他（她）和你相比有某些缺陷而已，不要觉得残疾人就低人一等而去轻视他（她）们，又或者觉得自己高人一等而圣母心爆表见到残疾人都要上去帮一把，也许人家根本不需要你的帮助呢？你不请自来的帮助或许会损害人家的自尊心呢？说到底本质就是把残疾人放到一个你我一样平等的位置去看待，最大的尊重就是平等，如果人家确实需要帮忙，并且明确表达出了求助的意思，这时上去帮忙才是正确的做法。

#孤鸿飞天：我是重度残疾，只有两个手指能动，出门很怕别人看到我的样子。

#林中小屋：我是文科生，大学学过点基础心理学，也看过一些国内的文学作品。这是我的背景。我希望大家把人当人看。一个人，需要生存发展，有作为人的需要，比如社交、婚礼、融入集体、获得成就感……遇到困难会灰心失望，或者绝望，这作为一个人，是正常的。有些人有“鸡汤病”“励志病”，口口声声正能量、负能量，本质上是不把人当人看。我是听障，我遇到过很多困难，因为听力非常差，很多事不知道，承受着很大压力，我不乐观，因为前景非常不明朗，走得很难，但是很多人用“鸡汤道理”对我施压，乐观积极这些东西成了政治正确，完全不关心我承受着什么，我对此非常反感。当然，我内心不乐观，很沮丧，不代表我不做该做的事，我一样在坚持上学。

#你的天真掉了了：我有听力残障，从小到大一个人早就习惯了孤独，小时候很内向，现在好很多。4 年大学要结束了，人生走到这一程很棒了，准备迎接下一程。受过很多人异样的眼光，也被嘲笑过，不过我都不放在心上。我身非我有，天地委顺之。好好过下去。

#我已经不做鸡啦：我个人觉得，现在的社会对残疾人的宽容度还有热心程度都是很积极乐观的，如果有非常明显的需求或者直接提出需求，大多时候都会有人主动帮助。但是最大的问题是，帮助别人的时候会不好意思……反正我会，唯一自然点的就是让座，其他都是很明显需要帮助才好意思去问，

有时候冬天骑车出去，傍晚看到老人披头散发的在马路上不过绿灯，我问需要帮助吗对方很紧张地拒绝了，我更紧张，怕他们误会我是坏人……我帮助的残疾人并不多，不过我觉得帮助需要帮助的人就行了，我并不怎么去区别那人是否残疾。我以前在店里无聊，还特喜欢一个脑瘫的顾客来和我聊天，他的思路和正常人一样，只是表达困难点而已，那么闲的年轻人就他一个可太难得了，能和我聊游戏聊生活，他老爸常常来我店里叫他回家吃饭，不过我店转行之后就再没见过他了……路上的人基本都是善良的，只是不懂怎么表达自己。

#杰西卡今天娶我了吗：我真的不觉得残疾有啥，真的。我真的很佩服那些努力改变自己命运的人。我们学校也算一个比较难考的211，学校的王牌专业基地班有一个男生，下半身是瘫痪的，行动完全靠轮椅。但是他一节课都不缺，但是不太喜欢跟人说话是真的。我特别佩服他。我想说的是，我会不由自主地在看到残疾人的时候多看两眼，并不是说我觉得他很异类，而是佩服，对带上脚镣跳舞的人的佩服。我非常愿意跟残疾人交朋友，我相信大多数人和我一样。希望残疾的小哥哥小姐姐能敞开心扉，拥抱世界呀！

#咸鱼的启航：残疾人士也是人，精神病患者也是人，不要因为别人身体上的缺陷而可怜别人，可能你会觉得自己做了件好事，但同时也对这些人造成了打击，因为我们都是人，并不是因为有一些残疾就低一等。虽然我算不上残疾但算是一个精神病患者，这件事情我隐瞒了将近3年，因为我不想让别人用那种眼光看待我。除了偶尔精神恍惚、压抑以外，我跟一个大众所谓的正常人没有任何区别。正常是没有标准的，只是各种人都习惯以大多数人的特征作为正常的标准，这也是一种歧视，希望有生之年，大家能意识到这一点。

从众多的评论中我们可以看出大家对于正确的残障理念传播的期待，这也正是《他们：九位残障者的故事》的主创团队所期望看到的。面对目前国内亟待提升的社会无障碍设施建设的硬件需求来说，或许社会对于残障者的理念转变，是更需要首先改善的问题。我们期望看到全社会都认同积极正确的“残障学”理念，以此来推动无障碍社会的建设。

后　记

为什么要讲残障人的故事

周林刚

写一本残障人的故事书，写一本社会各界都能读懂的关于残障人的书，这个想法由来已久，在残障与公益研究院诸位同仁的共同努力下终于如愿以偿了。作为组织者和牵头人，我感慨万千。回顾成书的曲折历程，倾注了团队成员大量的心血和精力。故事的讲述过程，也是个自我超越与升华的过程。回顾个人与残障结缘的点点滴滴，更加深切地体会到此书的意义和价值。

记得，孩提时，我生活在江西的一个贫困的山村里，每天要走 3 里（1 里约 500 米）路上小学，途经的村庄有位精神残障人。他披头散发，身上总是散发一股难闻的尿骚味，尽管没有听说过他真的有攻击别人的劣迹，但当我独自一人遇上他时，心里仍然会感到特别害怕，尤其担心他会打人。而当我们一伙小孩遇见他时，就会起哄管他叫“癫子”，更糟糕的是，我们那帮小屁孩还会朝他撒沙子、丢石头，路过的大人见了也往往会为我们助威、呐喊。在 20 世纪八九十年代的农村，取笑、排斥、歧视甚至欺负残疾人的现象比比皆是。

在 2001—2003 年中央电视台春节联欢晚上，赵本山、范伟等著名艺术家上演的忽悠三部曲《卖拐》《卖车》《卖担架》，连续获得中央电视台春节晚会一等奖，可谓深受广大观众的热爱。但有一天我同一位残障朋友闲聊时，他告诉我说：“我们残疾人看了后很不是滋味，央视春晚这么大的平台，怎么能一而再，再而三地拿我们残疾人取乐？挖苦、丑化、歧视残疾人。”显然，在中国传统文化中一直存有排斥残障人、歧视残障人的元素，甚至广大社会公众还没有意识到，这就是歧视、排斥残障的集体无意识。

2002 年，我考入中山大学跟着蔡禾老师念博士。一个周末的晚上，蔡老师把我单独叫到家里，给我倒上一杯水之后，用商量的口吻说："林刚，有这么一个事情，我是广州市残联的顾问，顾问顾问，不可顾而不问，我手头正好有一个关于弱势群体的国家课题要做，我希望有人研究一下残疾人，你能否考虑考虑，过几天给我回复。"我听罢没敢作声，思考了 1 周之后勉强答复了蔡老师。说实在的，自从孩提时取笑那位"癫子"之后，上学阶段没有直接和残障人打过交道，当然更没有想过自己的博士阶段要研究残障人。反思性和批判性的社会学学科特质，坚定了我长期研究残障问题的决心和勇气。

从 2002 年下半年开始，在蔡老师的引路下，我开启了十几年的残障研究历程。一个新的边缘化的研究领域，不仅需要专业，需要专注，更需要有着"十年磨一剑"的毅力。当年研究残障议题的一些同仁，在从事残障研究的路上渐行渐远，逐步偏离了初心。正如残障人群体一直处在社会边缘一样，从事残障理论研究的学者也处在学术界的边缘。不少朋友也常问我"你为啥会研究残疾人"。

十几年来，我一直致力于残障理论与政策研究，既出版了学术专著，也撰写了多篇学术论文，还参与起草了省、市、区等不同层面的残障政策与残疾人事业发展"十二五"和"十三五"规划，在残障研究领域算是有些许学术成绩。诚然，那些"高大上"的理论研究成果的确非常重要，但毕竟受众非常有限。相比残障理论研究，残障观念的正位尤为重要，尤为迫切。

社会公众对残障的认知往往非常有限，也非常片面，要么将残障人看作自强不息、身残志坚的典范，要么把残障人看作没用的废人，要么敬而远之。

以平等的视角叙述、描绘和呈现残障，在社会公众中建立起正确的残障认知是特别重要的。但长期以来，社会对于残障的呈现都缺乏平等的话语。在相当漫长的时期内，文学作品和大众传媒都习惯用"残废""聋子""瞎子""瘸子""拐子""傻瓜""精神病""哑巴"等歧视性的词来叙述和呈现残障。

在制度层面，《宪法》这一治国安邦的根本大法，一直保留着"残废"一词。2018 年 3 月 11 日第十三届全国人大一次会议第三次全体会议通过了《中华人民共和国宪法修正案》，其中的第 45 条仍使用"残废军人"① 这样的

① http://www.xinhuanet.com/politics/2018lh/2018-03/22/c_1122572202.htm

歧视性话语，实在让人难以置信、难以理解。

有一天，《奇葩大会》大咖蔡聪先生来访，并给我带来了一份特别的礼物，一份盖有1981年11月10日邮戳的“国际残废人年”的陈年邮票和信封。总体上，我们已经从制度和文本层面走出“残废”了，但是观念和价值层面真的走出了吗？蔡聪指出：“残障，只是一个人的特点或条件。真正让残障人士生活遇到障碍的是，这个社会还充满太多物理环境障碍，以及人们脑海中存在太多对残障的刻板印象。”

2018年，是讲残障故事、做社会倡导的时候了。国际社会，对于残障的认知，早已从问题模式、医学模式走向了社会模式。如今，社会公众对该群体的称呼从“残废”到“残疾”，正在转向“残障”或“障碍”，社会观念也正在从歧视、排斥，转向融合或融入。

2017年下半年，我组建了一个研究团队，选取了不同类型、不同年龄的九位残障人，团队成员以“资料饱和”为标准，采取多次反复登门拜访，深入被访对象的日常生活场景、工作场景、社会交往场景。试图尽最大可能反映残障者的“真实生活”，以矫正残障观为出发点和归宿点，以讲故事的方式，唤起社会各界正确对待残障群体的意识，呼吁社会各阶层在日常生活中学会与残障人相处，学会以尊严、平等、权利的视角看待残障现象。残障是人类社会发展进程中的必然现象，也是多元化社会的主要特征之一，因此务必理性看待残障现象。记得第一次去拜访张佳欢的时候，我带着9岁的女儿一块去的，回来的路上我问女儿：“你有没有觉得佳欢姐姐有什么不一样？“佳欢姐姐除了需要坐着轮椅出行之外，和我们一样啊！”女儿的回答让我深感欣慰，原来在一位小学四年级的孩子眼中是没有“排斥”和“歧视”二字的。

由于研究团队成员比较年轻，社会阅历比较浅，我们首先组织大家精读相关残障理论文献，并不断进行反思、再反思，树立一个正确的残障观。当被访者将故事讲到七七八八的时候，团队成员对故事框架、细节、内涵进行头脑风暴式的批判，不断调整每个故事的主题和框架，不断完善故事的细节。

在这次故事讲述的过程中，我们采取的是“残障朋友讲述，我们记录，我们撰写”的方式。为尽可能呈现残障者的主体叙事，团队成员也尽最大的努力，不断在收集残障素材上下功夫，尽可能“原汁原味”呈现残障者的本来生活。但理想和现实之间总是存在一定差距，我们团队的水平和能力还一直在路上，我们所呈现的故事文本和残障朋友的期待之间还有一定的距离。

在这本书出版之后，我们将要支持残障朋友“自己讲述自己的故事，自己书写自己的故事”。在此，我们也特别呼吁社会各界采取切实的行动，在残障人出行、教育、就业、康复、参与社会等方面，支持残障朋友主动参与、主动发声，而不是被他人代言。

起初，我们只想原原本本地呈现故事主人翁的“原生态”，个中内涵让读者自己去把握。但有一天，当我同一位文学博士闲聊时，她讲到空闲时曾去过好几次自闭症、脑瘫康复机构做志愿者，把那些残障孩子带出去走走。当我们论及为什么做志愿者时，她说：“他们那么可怜，我们要多关心他们，多帮助他们。”我当即纠正：“关心残疾人，并非我们有多么优越，他们有多么可怜，残疾人是多元化社会的平等成员，他们不愿意接受‘自上而下’‘怜悯’式的关心与关怀。”因此，故事讲述完了之后，很有必要对故事有关内容进行解读和反思，对那些偏颇、错位乃至错误残障理念予以矫正。于是，我们团队成员将自我反思的心路历程也写了出来，透过“反思笔记”，一方面见证团队成员的成长轨迹，另一方面传导正确的残障理念。

“改变人的思想和观念是一件很难的事情，改变几千年来形成的思维定式，更是难上加难。以讲故事的方式，用真人真事去做社会倡导，很有创意，很有价值，相信一定会产生积极的社会效益。”一位省残联领导在细读手稿后，对我们的讲故事行为给予高度的评价。

我们希望：透过九个故事，社会公众能以多元化、差异化的视角，正常地看待残障群体，残障是我们社会多元化的重要特征之一。残障者期待尊重，期待平等，也期待贡献社会的机会，残障者不需要可怜，不需要怜悯。

我们希望：透过九个故事，各类、各层级政策制定者多一个残障的视角，充分尊重多元化、差异化的社会现实，在就业政策、教育政策、住房政策、社会保险政策等民生政策供给中，充分尊重差异，将残障者的需求加以考量。

我们也希望：透过九个故事，政府、企业和社会组织在履行各自社会职责的过程中，尽可能消除各种社会排斥和社会障碍，给予残障人更多参与社会、实现自我的机会。

致　谢

周林刚

从调研对象选取，到生活场域或工作场域的参与观察，从开展深度访谈，到撰写手稿，反复修改完善，再到今日成书，历经一年有余，掩卷思索，感触良多。在此，我想对以下各位致以最真诚的感谢。

首先要感谢的是九位受访者，正是由于你们的信任，你们的支持，你们的坦诚，你们讲出的原汁原味的故事，才有了课题组写故事的素材，才有了社会各界读故事的机会。

感谢团队成员不折不挠的品质，遇到困难时，你们总是面带微笑地想办法解决，在一年多的资料收集过程中，弯路在所难免，特别是有的受访者因主观或客观原因退出时，大家总是相互安慰和鼓励。尤其是，游伟菻博士和黄裔博士在残障理念的正位、研究方法的指导、语言文字的把关等方面作出了不可或缺的贡献。团队其他成员王博文、周咏、方文清、甘果、李生平、付依价、李然然，都尽心尽责，用自己坦诚炽热的心与受访者真诚沟通交流，获得了受访者的信任与支持，这是每一个故事得以更有活力、更加血肉丰满的重要基础。这次的访谈和写作，大家也彼此团结协作、共同努力进步，不仅提高了访谈和写作的能力，还因此获得了和受访者与团队其他伙伴的真挚友谊，这些都是我要非常为你们高兴的。

感谢深圳市宝安区残联理事长杨洪流先生，记得 2017 年助残日的当天，我提出写残障故事的设想时，他当即表示鼓励和支持，正是由于有了这次“一拍即合”，才有了这本故事书。在故事素材收集和讲述过程中，靳卫民先生、王伟女士、郭畅元先生曾多次提出了宝贵的意见和建议。感谢宝安区利民复康中心（中途宿舍）的汪金庸先生，感谢您对资料收集的支持，感谢您毫无保留地讲出了精神残障朋友的现状，让我们体会到了一位基层康复机构服务者的默默奉献。

感谢中山大学社会学与人类学院的蔡禾教授、北京大学政府管理学院的何增科教授、一加一残障人公益集团合伙人蔡聪先生、深圳市阅读推广人袁静老师。初稿完成后，你们或在高铁上、或在候机厅、或在深夜桌前逐字逐句仔细审阅，并从传递正确残障理念、呼吁社会各界予以关注的角度，做出了恰到好处的导引与推荐。

感谢深圳广电集团交通广播新闻采访部主任、中国新闻奖得主孙立遐先生，从本书的立意、资料收集、撰写与修改乃至取名，自始至终总有您默默的奉献，尤其是，您亲自主持的《他们：九位残障者的故事》的新书发布会非常圆满、非常成功。

感谢深圳大学艺术设计学院的邹卫教授，作为艺术家和公益行动者，独具匠心的封面设计，产生了画龙点睛的艺术效果。

感谢广东省残联理事长张永安先生、中国残联研究室副巡视员厉才茂博士，感谢你们对“讲故事”这种价值倡导方式的高度认可与鼓励！尤其是，在《他们》发布会时你们亲临现场予以支持。

感谢南方日报出版社周山丹社长、刘志一老师，你们的敬业精神感动了我们团队，从题目敲定到每一个标点和文字的完善，都离不开你们的辛苦与付出。

感谢黎军教授，感谢您为残障与公益研究院的诞生与发展所作出的杰出贡献，感谢您对残障研究的特别关心与关注。

感谢徐晨教授、李永华教授、田启波教授，感谢你们一直以来对本研究团队给予鼓励与关心，感谢你们对《他们》的高度评价。

感谢中国残疾人事业发展研究会的大力支持，使《他们》一书得以在第十二届中国残疾人事业发展论坛上隆重发布。感谢中国残联副主席、副理事长，残疾人事业发展研究会会长程凯先生专程参加《他们》发布会，并发表热情洋溢的演讲，对《他们》的研究视角和方法、倡导的价值理念给予高度的评价。感谢李永华教授在发布会上充满激情和正能量的演讲，“心阳光，世界就阳光！”感谢袁静老师在发布会上提出的四个“相信”：“相信文字的力量，相信叙事的力量，相信阅读的力量，相信这本书中真实故事的力量。”感谢《他们》一书中的三位故事主人公戴露先生、黄志坚先生、梅文莉女士在发布会现场分享他们的生命故事，他们的分享感动了在场的五百位与会者，也通过媒体和本书，感动着千千万万的读者。

在《他们》再版推动过程中，我们还要特别感谢陶一桃教授、郭力根先生、何军老师、张晓红教授、刘丽琳老师、曾坤才老师、陈汉燊老师、侯伊莎女士、尹葵先生、林大平女士、梁钦松先生、刘岭峰老师、王鑫先生、董飞先生、曹皞女士、冷芬满律师、林炎娣女士、贺和平教授、邹树彬教授、罗文恩博士、赖伟军博士、耿旭博士、梁平老师、胡悠扬老师、林瑾老师、张春老师、肖熠博士、李翔老师、潘晓慧老师、冷美卿同学、丁佳义恒同学、洪承兼同学、范梅兰同学、卢煌煌同学、樊东隅同学，感谢你们对残障公益事业的实际付出，感谢你们对《他们》所传递的"平等""尊严""权利"等价值理念的高度认同与忠实践行，没有你们的大力支持，《他们》难以再版。本书再版计划启动后，张晓红教授、于文生教授、何军老师、冷小荣先生、南山区残联等个人和单位，以预购的方式慷慨解囊，同时，也要感谢所有以预购方式支持《他们》再版的认识和不认识的朋友和网友，为本书的再版给予重要的支持。

最后，特别感谢网名为"大程子好妹妹"的残障女孩，正是由于您在bilibili网站对《他们》一书核心价值理念的导读，成功吸粉14万+网友，引起了社会各界的广泛关注，这是推动本书再版的第一动力。